数学文化
彩虹桥 ①

扫码听课
轻松学练

● 陈加仓　包含丽 / 主编
● 谷尚品　符玲利 / 副主编
● 卢　青　谢中燕　胡　燕 / 编著

广西师范大学出版社
· 桂林 ·

数学文化彩虹桥 1
SHUXUE WENHUA CAIHONG QIAO 1

策　　划：敖登格日乐
责任编辑：田　莉
责任技编：王增元
封面设计：卜翠红
内文版式：叶晓丽

图书在版编目（CIP）数据

数学文化彩虹桥. 1 / 陈加仓，包含丽主编. --桂林：广西师范大学出版社，2024.7
ISBN 978-7-5598-6949-4

Ⅰ．①数… Ⅱ．①陈… ②包… Ⅲ．①小学数学课－教学参考资料 Ⅳ．①G624.503

中国国家版本馆CIP数据核字（2024）第097004号

广西师范大学出版社出版发行

（广西桂林市五里店路9号　邮政编码：541004）
　　网址：http://www.bbtpress.com
出版人：黄轩庄
全国新华书店经销
北京汇瑞嘉合文化发展有限公司印刷
（北京市北京经济技术开发区荣华南路10号院5号楼1501　邮政编码：100176）
开本：787 mm×1 092 mm　1/16
印张：13　　　字数：130千
2024年7月第1版　　2024年7月第1次印刷
定价：48.00元

如发现印装质量问题，影响阅读，请与出版社发行部门联系调换。

序 言

  《数学文化彩虹桥》丛书是一套适合小学一至六年级学生进行数学学习、探究、阅读的图书，共 6 册。其中 1 至 3 册每册 24 个主题，4 至 6 册每册 28 个主题，共 156 个主题。这套书集聚温州大学城附属学校数学教育成果以及温州大学华侨网络学院华文教育的研究优势，每一个主题均选自陈加仓名师工作室团队为温州大学华侨网络学院学生量身定制的课程。书中将古诗词、二十四节气、神话故事、爱国主义精神等中华文化元素融入数学教学中，相应课程一经推出，便得到了海外华文学校师生的高度认同。

  著名数学家谷超豪曾说："人言数无味，我道味无穷。"《数学文化彩虹桥》丛书就是一套能让孩子感受数学魅力，增加探究兴趣，从阅读中体悟数学中的童趣和中华传统文化的图书，能让孩子对数学知识产生浓厚的求知欲。这一特点体现在设问上，如"雪花长什么样子，你能画出来吗？雪花中还藏着哪些秘密？"一朵雪花就能带着孩子品味数学的魅力；再如"我能猜出你心中的数，你信吗？"一句话就能轻松调动孩子的好奇心。好奇心是孩子学习过程中最好的老师，它将带着孩子走向数学研究的深处。

该丛书是一套有具体情境、实际问题、可操作记录的读物，让孩子在"读玩做合一"的理念下进行数学探究活动，感受数学文化中蕴含的深奥内容、游戏中包含的深刻道理。

我们期盼，这套丛书能成为孩子课堂内外的学习材料、家庭教育的辅助参考、教师教学的有益资源，促进孩子在数学学习上的发展。总而言之，三言两语说不完《数学文化彩虹桥》丛书多有趣，只有亲临其中，展开阅读、思考、探索和实践，和书中的人物积极对话，你才能感受数学知识文化有多丰富，智慧营养价值有多高。

小朋友们，快来阅读吧！相信在阅读本书之后，你会对数学有一种全新的认识，会产生浓厚的兴趣，进而获得知识，提高能力。

愿你们眼里总有星辰大海，不负时光，勇往直前！

主编

2024 年 6 月

人物介绍

熊猫

性格特点：积极乐观、招人喜欢

兴趣爱好：吃竹笋、卖萌、睡觉和给小朋友提问题

博士

性格特点：温和、睿智、博学多才

兴趣爱好：研究问题，总结规律，探寻事物的本质

华华

性格特点：乐观开朗、积极向上

兴趣爱好：踢足球、打羽毛球、编程、读书

佳佳
性格特点：善良温和、有责任感
兴趣爱好：喜欢小动物、热心公益、弹古筝、写书法

慧慧
性格特点：独立自信、活泼开朗
兴趣爱好：下围棋、做手账、看电影、读书

侨侨
性格特点：聪明机灵、勇敢正直
兴趣爱好：攀岩、拼搭玩具、问问题、思考

融融
性格特点：可爱懂事、善解人意
兴趣爱好：跟小朋友做游戏、听妈妈讲故事、游泳

目 录

1. 比一比 …………………………………………… 1
2. 分饼干 …………………………………………… 7
3. 一起来分类 ……………………………………… 13
4. 对称中的美 ……………………………………… 21
5. 了不起的数字"0" ……………………………… 28
6. 小猪搬砖记 ……………………………………… 37
7. 跷跷板游戏 ……………………………………… 47
8. 有趣的积木 ……………………………………… 53
9. 有趣的四巧板 …………………………………… 59
10. 火柴棒游戏 ……………………………………… 65
11. 货币的发展 ……………………………………… 72
12. 认识人民币 ……………………………………… 78
13. 小蚂蚁堆糖果 …………………………………… 85

14. 挖宝藏 ………………………………… 95

15. 骰子游戏 ……………………………… 102

16. 小猫钓鱼 ……………………………… 113

17. 趣味折纸 ……………………………… 120

18. 计时工具 ……………………………… 127

19. 中国古代记数 ………………………… 136

20. 世界记数 ……………………………… 142

21. 算筹记数 ……………………………… 147

22. 玩转手指 ……………………………… 153

23. 汽车突围 ……………………………… 160

24. 海底总动员 …………………………… 165

参考答案 …………………………………… 173

附页 ………………………………………… 193

1 比一比

扫码听讲解

  小朋友，你会比长短吗？今天我们就一起来比一比！

下面的三根绳子中，哪根最长？请在最长的绳子右侧的方框中画"√"。

比一比 下面的两根跳绳，比一比谁长，谁短？

  怎样才能比较出它们的长短呢？

 我是这样想的：
① 先对齐绳子的一端。
② 再把两根绳子拉直。

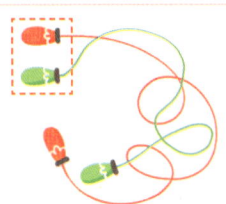

（　　）色的绳子长，（　　）色的绳子短。

活动二

如果绳子绕起来了，你还会比较长短吗？

画一画 请你看一看，哪根绳子长，在下面画“√”。

第一组

(　　)　　(　　)

第二组

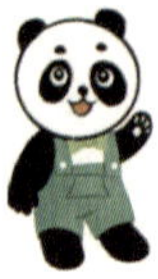

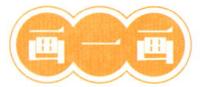

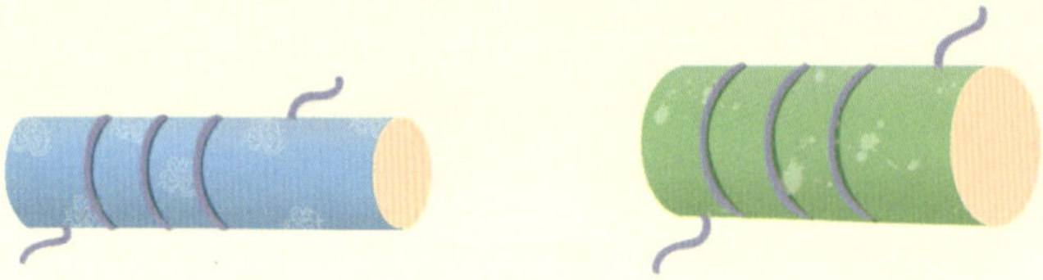

(　　)　　(　　)

第三组

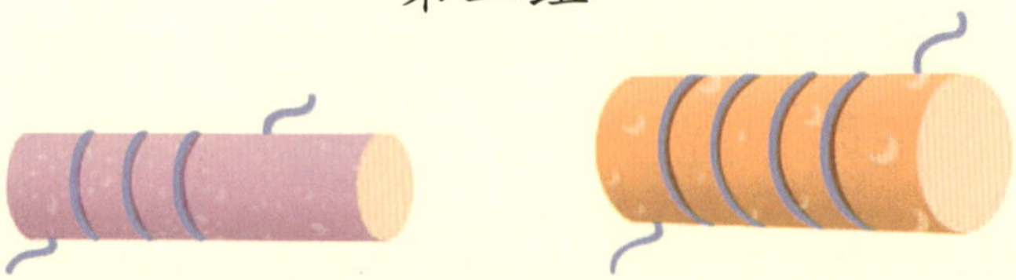

(　　)　　(　　)

1. 比一比

活动三

小朋友试试看,如果不是绳子,还能进行比较吗?

快看,小动物们在玩爬梯子。

小朋友,上面三个小动物中,谁爬得最高?谁长得最高?

请你选出爬得最高的小动物,给它画"√"。

 （　）  （　）  （　）

请你选出长得最高的小动物,给它画"√"。

 （　）  （　）  （　）

小朋友，你会比较格子图里线的长短吗？

哪只小瓢虫爬的路程最远，在方框里画"√"；哪只小瓢虫爬的路程最近，在方框里画"○"。

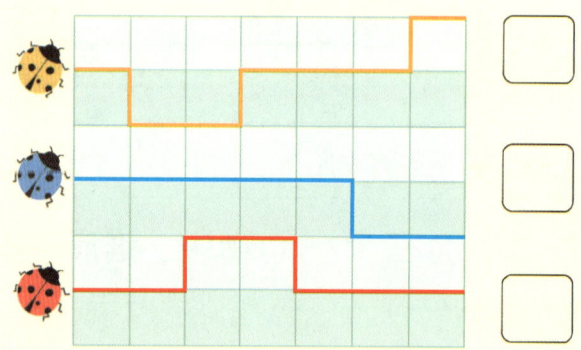

 我会数线段。

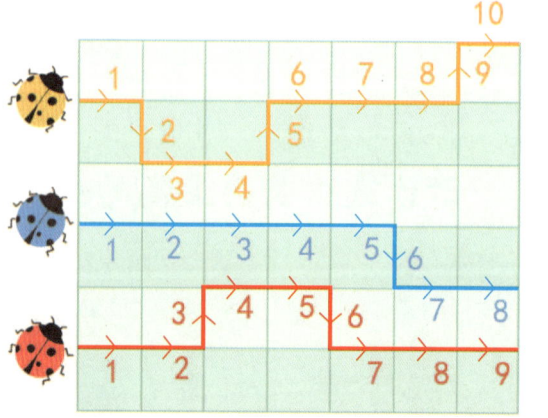

还可以移一移。

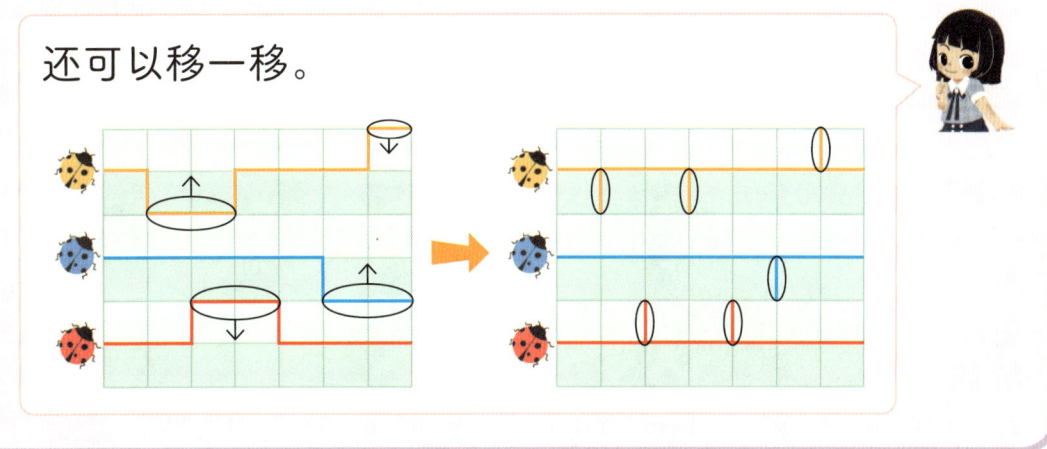

亲子乐园 快和爸爸妈妈一起来挑战吧!

如果妈妈和我每人走10步,请你想一想谁走的距离更远?说说你是怎么想的。

如果华华和我每人走10步,请你想一想谁走的距离更远?说说你的想法。

侨侨　华华

长颈鹿和羚羊

小故事

长颈鹿长得高,羚羊长得矮。长颈鹿说:"长得高好。"羚羊说:"不对,长得矮才好呢。"

它们走到大树旁,长颈鹿一抬头就吃到了大树上的树叶;羚羊把脖子伸得老长,还是吃不着。

园子的围墙上有个又窄又矮的门,羚羊大模大样地走进门去吃园子里的草,长颈鹿怎么也钻不进去。

斑马说:"你们俩都只看到自己的长处,看不到自己的短处。这是不对的。"

这个故事告诉我们:每个人各有长处。我们要学会欣赏他人的长处,正视自己的不足,才能更快地进步!

2 分饼干

扫码听讲解

妈妈做了8块饼干分给融融和侨侨。怎么分才公平呢？

活动一

一起来交流 用棋子或者合适的道具摆摆看。

可以一块一块地分：

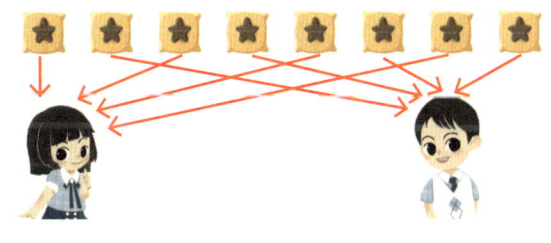

分到（　）块　分到（　）块

可以两块两块地分：

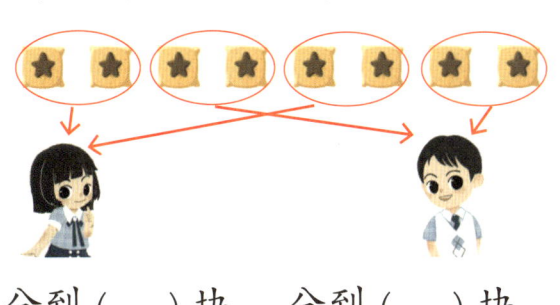

分到（　）块　分到（　）块

我是这样分的：

$$8 \swarrow \searrow$$
$$4 \quad\quad 4$$

侨侨：分到4块；
融融：分到4块。

 妈妈做了9块饼干分给融融和侨侨。8块会分了，9块你会分吗？

一起来交流

 两块两块地分，还多一块。

我是这样分的：

 分到4块　　　 分到4块

$$9 \swarrow \searrow$$
$$4 \quad 5$$

 咦，还多一块怎么办呢？

我们可以将**多出来的一块饼干**，对半分，侨侨和融融每人半块。　 半块　半块　

 现在你会分了吧！请在下图中，将侨侨分到的饼干涂成红色，融融分到的饼干涂成蓝色。

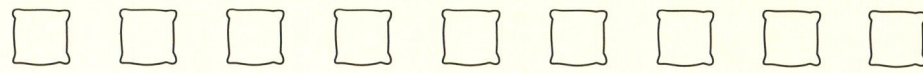

谢谢你替妈妈分好了饼干，再去看看融融、侨侨他们都在争论什么吧！

 哈哈哈，博士很有生活经验呀！对半分真是个好办法！

有时候遇到像分杯子、分铅笔……就不能对半分了。

 那到底什么样的数才可以平均分成两份呢？

像"8"这样的就可以平均分成两份，而像"9"这样的有时候就不能平均分成两份了。

你知道吗？

将 8 两个两个分开来数，到最后正好数完，都是成对的，8 就是**双数**。

8 ⭐⭐ ⭐⭐ ⭐⭐ ⭐⭐
　　2　　2　　2　　2

将 9 两个两个分开来数，到最后还剩下一个没有成对，9 就是**单数**。

9 ⭐⭐ ⭐⭐ ⭐⭐ ⭐⭐ ⭐
　　2　　2　　2　　2　　1

圈一圈　现在知道怎么找单双数了吧！

（　　）1
（　　）2
（　　）3
（　　）4
（　　）5
（　　）6
（　　）7
（双数）8

2. 分饼干

我发现：_____、_____、_____、_____是单数；
_____、_____、_____、_____是双数。

单数、双数出现得很有规律啊！都是一个单数、一个双数交叉出现。

我发现双数前后的数字都是单数。

我发现单数前后的数字都是双数。

文化链接

我国的传统节日

春　节：正月初一
元宵节：正月十五
端午节：五月初五
中秋节：八月十五
重阳节：九月初九

> 古人认为单数属阳，有吉祥之意，因此农历的重要节日大多取单数。

亲子乐园

快和爸爸妈妈一起来挑战吧！

❶ 看看身体各部位的数目，哪些是单数？哪些是双数？（在右面的人物图上圈一圈双数吧！）

❷ 一方报数字，若单数，另一方就站起来；若双数，另一方就坐着不动。

小朋友你知道吗？单数和双数在生活中用途可大了！比如，投票要单数才能分出胜负……

3 一起来分类

扫码听讲解

生活中我们会看到各种各样的物品,你会分类吗?

 过几天有客人来家里做客。

家里太乱了,都不能快速找到需要的东西了。

 那我们分工合作,一起来整理吧。

一起来交流

 一起来看看我整理好的厨房吧。

分类摆放整齐又干净,能帮助妈妈快速选取需要的东西呢。

 看我整理好的书柜吧!

你真了不起!最上面一层是绘本,中间一层是科技书,最下面一层是故事书……这样子分类整理,可以快速确定需要的书在哪一层呢。

 我终于整理好衣柜了。

一眼望去,真清楚呀!

3. 一起来分类

 小朋友,你能帮我一起来分类吗?

分一分

家里的鞋子可真多!

是啊,好几种颜色和种类。

 ①  ②  ③  ④  ⑤

 ⑥  ⑦  ⑧  ⑨  ⑩

那我们来分一分,看看把鞋子分清楚有几种方法。

一起来交流

我想按颜色分，可以分成红色、黄色、白色和蓝色四类。请你将序号写在下边的鞋架上。

我想按种类分，你能帮我分一分吗？

看来分类的标准不同，分类整理的结果也不同哦。

3. 一起来分类

小朋友，你会整理玩具吗？

我有很多玩具，瞧，下面展示的只是其中一部分哦！

你的玩具实在太多了，你知道怎么分类整理吗？

分类整理？让我想一想……

一起来交流

我喜欢按颜色分类,比如:

    ……

白色　　　　　　蓝色

我知道了,我可以按用途分类,比如:

    ……

救护车　洒水车　大巴车　小轿车

我还有一种办法,可以按轮子的数量分类,比如:

   ……

两轮

这么分的话,我还可以按天上飞的、地上跑的、水里航行的……来分类。

小朋友,你还有不同的分类标准吗?剪下书后附页中的玩具卡片,用你喜欢的方法给这些玩具分分类吧。

生活中的分类

 我们该去哪一层楼吃午饭呢?

 我想去买些新的文具和玩具,要去哪一层呢?

商场楼层分布图			
5楼	游乐场、美食餐饮	2楼	家具、家饰、家纺
4楼	童装、男装、女装	1楼	化妆品、黄金、钟表
3楼	生活用品、学习用品		

 商场的商品也是分类摆放的呢,这样我们就可以快速找到需要的商品了。

 咦,这里为什么要摆放这么多垃圾桶呢?

 生活中的许多物品都需要分类,垃圾也需要分类呢!

快和爸爸妈妈一起来挑战吧!

❶ 你知道哪些垃圾分类的知识？

❷ 我们为什么要进行垃圾分类呢？

 可回收物	 玻璃类	 牛奶盒	 金属类	 塑料类	 废纸类	 织物类
 厨余垃圾	 骨骼内脏	 菜梗菜叶	 果皮	 茶叶渣	 残枝落叶	 剩菜剩饭
 有害垃圾	 废电池	 废墨盒	 废油漆桶	 过期药品	 废灯管	 杀虫剂
 其他垃圾	 宠物粪便	 烟头	 污染纸张	 破旧陶瓷品	 灰土	 一次性餐具

垃圾也是一种资源，分类处理可以重新回收、利用，变废为宝。

4 对称中的美

扫码听讲解

 活动一

小朋友们,今天我们一起来玩拼图游戏吧。

拼一拼 下面的昆虫卡片都被分成两半了,你能找到它们的另一半吗?

 一起来交流

 我要把书后附页中的卡片剪下来,再拼一拼。

好的,我来帮忙!

小朋友，你能动手试一试吗？可以把附页中的卡片剪下来拼摆一下，也可以直接连一连。

糟了！我怎么拼得怪怪的？

你拼的两边不一样！我拼好了！

哇！真是太漂亮了！

像这样的图形都是**对称**图形。

对称图形这么美,你能找出对称图形吗?

 下面图形中是对称图形的画"√"。

(　)　　　　　(　)　　　　　(　)

(　)　　　　　(　)　　　　　(　)

(　)　　　　　(　)　　　　　(　)

(　)　　　　　(　)　　　　　(　)

你怎么知道长方形是对称图形?

可以折一折啊！我这样对折，发现两边完全重合（chóng hé），因此长方形是对称图形。

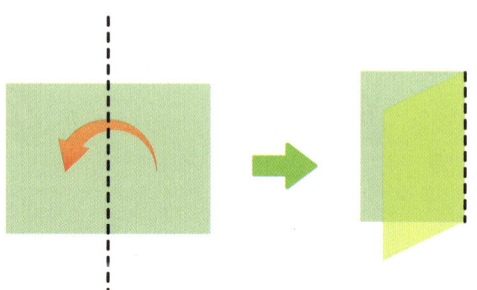

我这样对折也可以。只要对折两边能完全重合就是对称图形。

你们说的这些对称图形在数学中叫作轴对称图形，中间的折痕就是它的对称轴。
小朋友，用对折的方法检查一下吧！（把书后附页中的卡片剪下来，折一折）

对称真美啊！你还能找到生活中的对称吗？

 对称的字　对称的剪纸　对称的建筑

3　8　M　晶　中　美

文化链接

北京故宫

别名：紫禁城

年龄：600多岁

特点：中国现存最大、最完整的古建筑群。总面积达72万多平方米，有殿宇宫室9999间半，被称为"殿宇之海"，气魄宏伟，极为壮观。

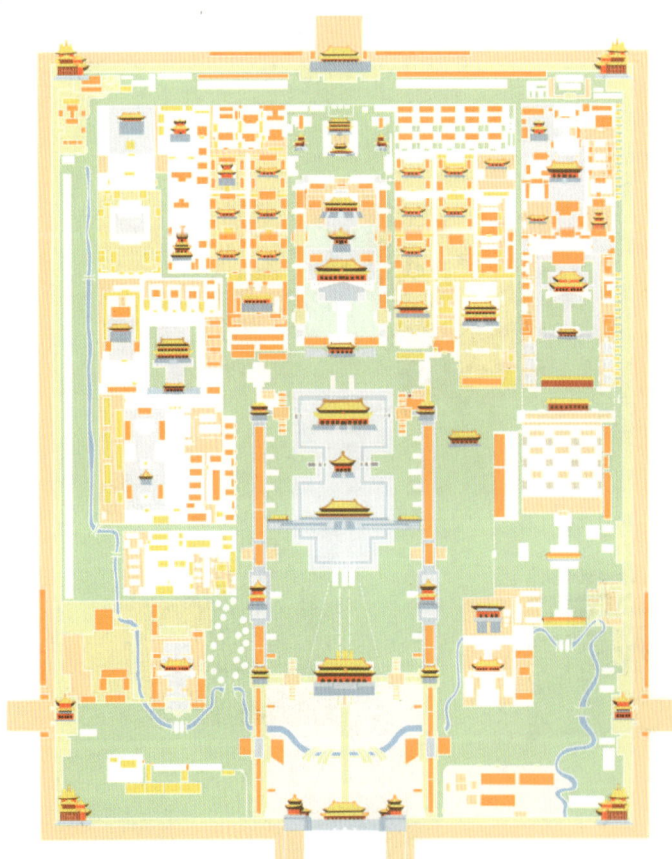

北京故宫平面图

午门

太和殿

藻井

编辑按：北京故宫平面手绘图只为展示故宫对称格局，方便小朋友学习理解古建筑对称之美。

 快和爸爸妈妈一起来挑战吧！

❶ 你可以创造一个漂亮的对称图形吗？

可以剪一个轴对称图形哦。

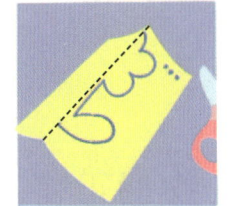
（1）沿虚线对折

（2）沿实线剪

（3）剪好打开

用剪刀时要注意安全哦！

❷ 你可以用基本图形创造出对称图形吗？

❺ 了不起的数字"0"

小朋友们,我们一起来研究一下数学王国里的数字"0"吧。

 数学王国里的数字宝宝们和小动物们正在森林里举行盛大的游戏聚会,每只小动物都选择了合作的数字伙伴。突然听到"哇哇哇"的大哭声。我们快去看看到底发生了什么事?

每个数字宝宝都有小动物伙伴,只有"0"孤孤单单的。

 大家都不愿意跟我玩儿，因为我表示"什么都没有"。

1个、2个、3个……妈妈给我们准备了5个萝卜。

吃掉了2个，还剩下3个萝卜。

再吃掉2个，还剩下1个萝卜。

再吃掉1个，篮子里1个萝卜也没有了，该怎么表示呢？

别难过了，虽然"0"表示一个也没有，但在数学王国里你可了不起了，没有你可真不行呢！

 "0"可以表示起点。

一起来交流

"0"不止是没有，它是所有比赛的起点；在数学王国里，"0"更是起点。

用尺子测量时，要把被测物体跟尺子上的数字"0"对齐，因此"0"是所有测量的起点。

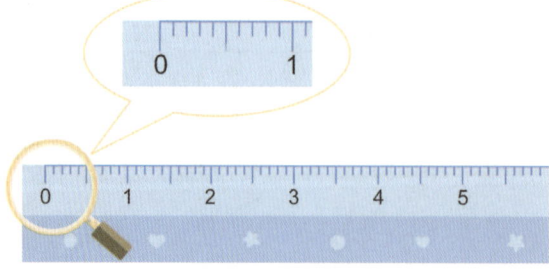

还有一种情况,"0"是所有称重器材上刻度的起点。

磅秤上没有东西时,指针指向"0";放上西瓜,指针对着"5",因此西瓜重5千克。

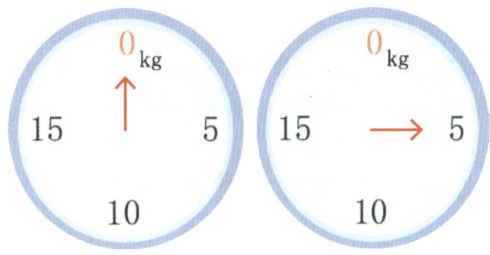

"0"还表示一天的起点,新的一天从0点开始。

车辆仪表盘上的速度计,也是从"0"开始的,当速度为0时,表示静止状态。

电脑上的扬声器音量也是从"0"开始的,0表示静音。

你们知道的可真多!

  "0"可以表示分界点。

人的正常体温大约保持在 37 ℃，如果体温过高，就会发烧生病。

水在 0 ℃时开始凝结成冰，冰在 0 ℃时开始融化成水。

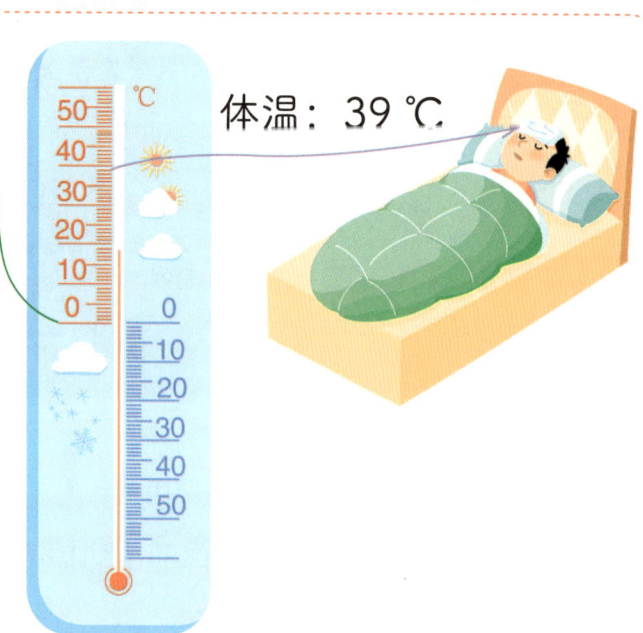

体温：39 ℃

南、北极的平均温度都在 0 ℃以下，北极是世界上人口最少的地区之一，南极则没有人类居住。北极熊、北极狐都生活在北极，企鹅则生活在南极。

中国最高的山峰是海拔高度为 8848.86 米的珠穆朗玛峰，也是世界第一高峰。

中国海拔最低的地方是新疆的艾丁湖，湖面比海平面低 154.31 米，湖底最低处达 －161 米。

中国规定采用青岛验潮站求得的 1956 年黄海平均海水面为全国统一高程基准面，即海拔 0 点。

 "0"可以表示占位。

一起来交流

我有一个可怕的想法，假如有一天，所有的"0"都消失不见了……

那……那怎么区分1元、10元、100元、1000元……呢？

100元

10元

1元

在位值制记数法中，"0"的占位作用至关重要。

2张100元,1张10元,3张1元,合起来是213元。

2张100元,3张1元,合起来是23元。

不对,虽然10元是0张,但要给10元留一个位置,应该是2□3元。

可以在□的位置写0占位,表示10元一张也没有,但"0"不能省略不写,否则"2"就不是"2张100元"的意思了,因此应该是203元。

文化链接 　　"0"的由来

　　"0"最早出现在印度。在公元前2000～前1500年左右，最古老的印度文献中已有"0"这个符号的应用。"0"在印度表示空的位置。后来，这个数字从印度传入阿拉伯，意思仍然表示空位。

　　我国古代没有"0"这个符号，最初都用"不写"或"空位"作为解决的方法。《旧唐书》和《宋史》在讲到历法时，都用"空"字来表示天文数据的空位。南宋时，《律宫新书》把118098记作"十一万八千□九十八"，可见当时是用"□"表示"0"的。后来，为了书写方便，将"□"改为"0"，与印度原先的"0"意义相同。

亲子乐园 快和爸爸妈妈一起来挑战吧！

小朋友，生活中哪里还有"0"？和爸爸妈妈一起找一找、写一写吧。

6 小猪搬砖记

扫码听讲解

小猪家的房子墙壁上破了一个洞,得赶紧修补一下。

 需要几块砖才能将下面的墙补完整?

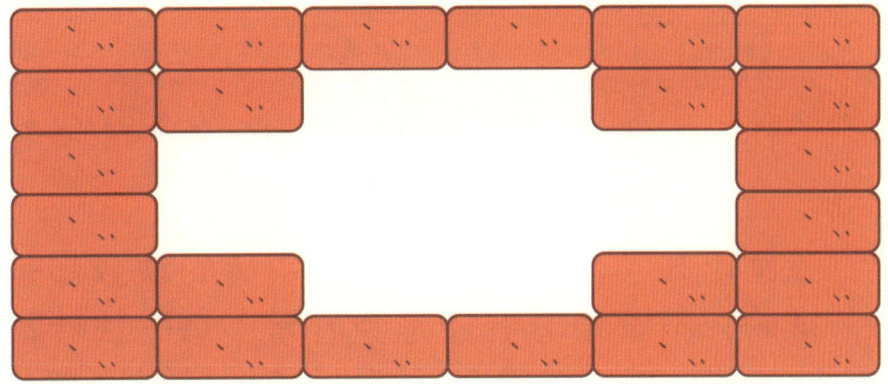

小朋友,你知道修补上面这个洞要用多少块砖吗?你有什么好办法吗?

可以**摆一摆**,把空的地方用砖摆出来看一看。

我想把空缺的地方**画**出来,再**数一数**有多少块。

小朋友，你能动手试一试吗？可以把书后附页中的砖块剪下来拼摆一下，或直接画一画。

我用砖摆好了。我数了一下，发现缺了 12 块。

我画出来了。我发现每一行中砖的块数都是一样的，不管横着看还是竖着看，每一块砖都是对齐的，就可以用 2＋4＋4＋2＝12 来计算。

第 6 行
第 5 行
第 4 行
第 3 行
第 2 行
第 1 行

我不画也可以算出来呢！这一面墙每一行都有 6 块砖，那就能算出每行空缺的。第 2 行缺了 2 块，第 3 行缺了 4 块，第 4 行缺了 4 块，第 5 行缺了 2 块，因此一共缺了 12 块。

小猪家的另一面墙壁也需要修补一下，需要几块砖才能修补完整呢？（如下图所示）

 小朋友，你喜欢哪种方法呢？用你喜欢的方法挑战一下吧！

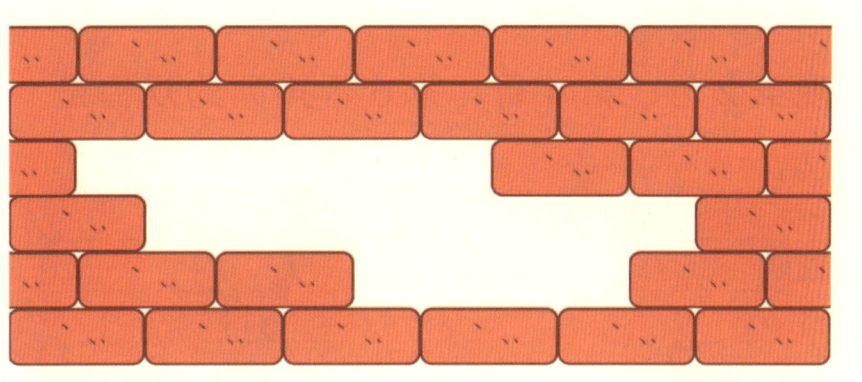

 我画出来了，先横着画，再竖着画。

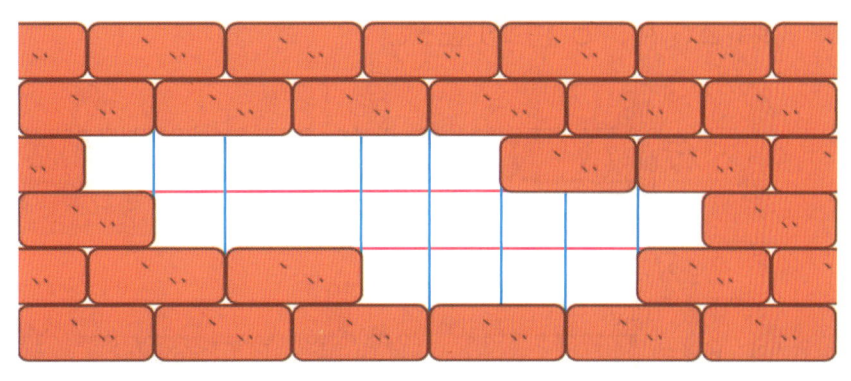

这样画不对，你这样画的砖有些只有半块。

小朋友，怎么画，才能画出一整块砖呢？

我发现第 2 行、第 4 行、第 6 行排列的规律是一样的。

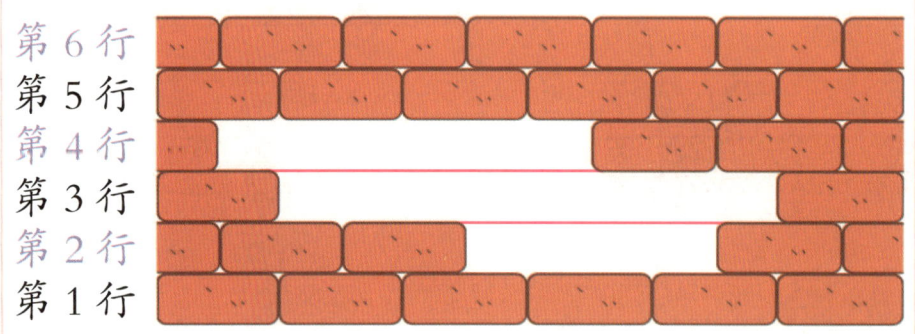

按照这样的规律，我可以用对齐的方式，先画出第 2、4、6 行的竖线。

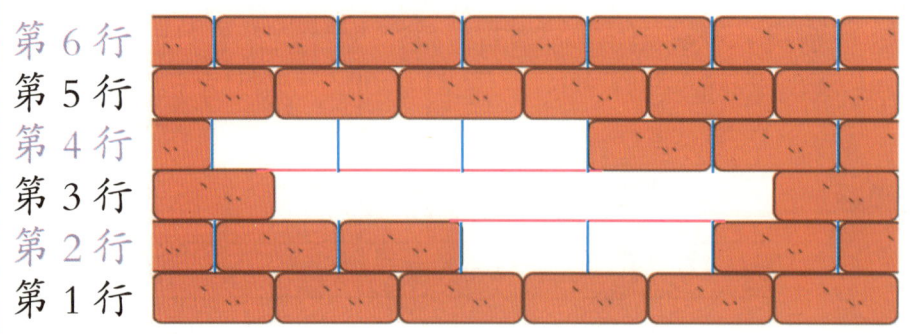

继续观察，第（　）行、第（　）行和第（　）行排列的规律也是一样的。你能画一画、分一分、数一数吗？

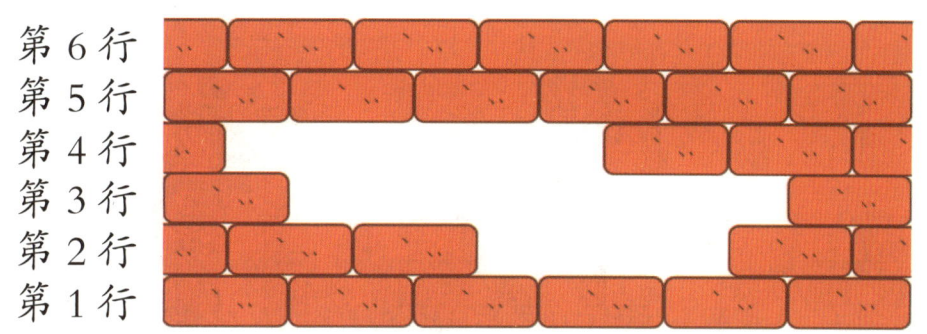

我还发现两个半块就能合成一块，每一行的砖块数量都是一样的，都是 6 块。这样我就能算出每行缺了的块数。第 2 行缺了 2 块，第 3 行缺了 4 块，第 4 行缺了 3 块，因此一共缺了 9 块。

原来补砖还有这么多学问啊，我也能用不同的方法来补砖了！

补砖真有意思啊，我们继续来挑战一下吧！

  用你喜欢的方法来算一算补下面这三堵墙需要几块砖吧!

先观察一下,找找规律,然后用你喜欢的方法算一算。记得要用整块砖哦!

第 ❶ 堵墙我直接摆好了。

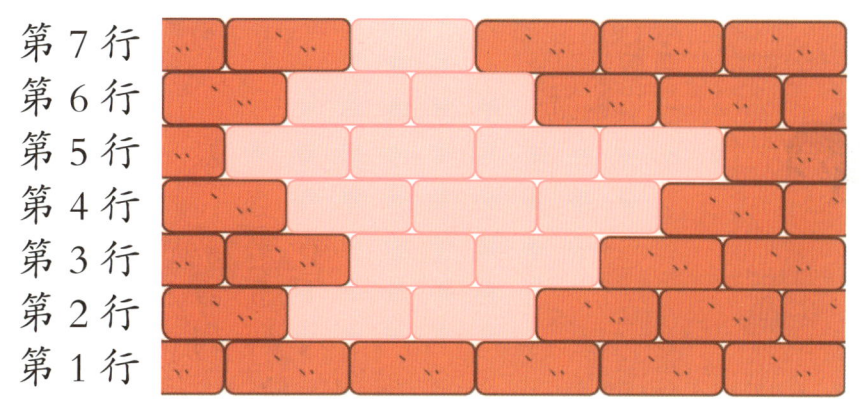

第 7 行
第 6 行
第 5 行
第 4 行
第 3 行
第 2 行
第 1 行

列算式：0+2+2+3+4+2+1=14（块）。

第 ❷ 堵墙我也直接摆好了。

第 6 行
第 5 行
第 4 行
第 3 行
第 2 行
第 1 行

列算式：0+2+3+4+2+0=11（块）。

第 ❸ 堵墙与前面两堵有什么不一样呢？

只要找到砖的排列规律，一样能算出缺了多少块砖！

我来摆一摆。

列算式：0＋3＋2＋3＋2＋2＋0＝12（块）。

小朋友，你学会补砖了吗？是不是很有意思？

文化链接　　秦砖汉瓦

秦砖汉瓦是华夏文明宝库中一颗璀璨的明珠,其精美的文字、奇特的动物形象、华丽的图案,在考古、历史、古文字、美术、书法艺术,以及思想文化方面的研究中,有着其他文物遗迹不可替代的特殊地位,极具艺术欣赏和文化研究价值。

几何空心砖

龙纹空心砖

青龙瓦当

白虎瓦当

水神骑凤纹空心砖

朱雀瓦当

玄武瓦当

 **快和爸爸妈妈一起来挑战吧!**

你想设计一面什么样的墙呢?请你用书后附页中的学具设计一面有缺损的墙,考考你的爸爸妈妈到底需要补几块砖吧!

7 跷跷板游戏

扫码听讲解

小朋友,你玩过跷跷板吗?今天我们一起来玩方块跷跷板游戏,好吗?

重的那头往下沉,轻的那头翘起来。如果两边一样重,跷跷板就是平的。

比一比

方块兄弟们玩跷跷板,想邀请你来当裁判!

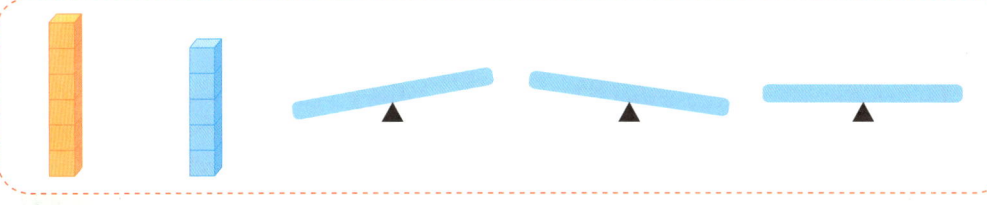

我是比出来的, 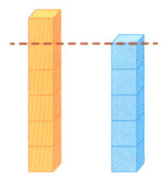 比 高,因此跷跷板应该左边下沉。

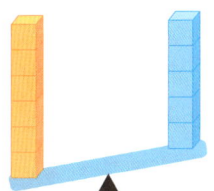

  想让跷跷板两边一样高,你有什么方法?

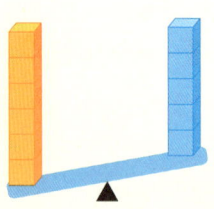

一起来交流

 右边再放上一个 ■,两边一样多,跷跷板就平衡了。

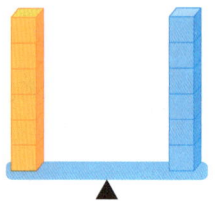

6 比 5 多 1,左边拿走一个 ■,跷跷板两边就会一样高。

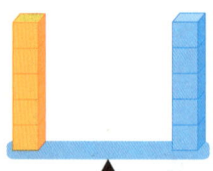

 只要 ■ 和 ■ 一样多,跷跷板的两边就会一样高。

1. 跷跷板游戏

谁坐上跷跷板的另一头，才能使跷跷板平衡呢？请你圈一圈。

一起来交流

左边有 8 个 ■，右边可以选 1 和 7，因为 1＋7＝8。

也可以选 2 和 6，因为 2＋6＝8。

 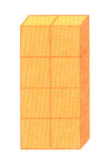
也是 8 个，只是形状不同。

真棒！跷跷板保持平衡的秘密被大家发现了，其实就是算式 □＋□＝8。算式中等号左边的数的和等于等号右边的数。小朋友，你还有不同的想法吗？

 方块兄弟们换了一种玩法，7和2先坐在一头，让哪两组方块坐在另一头，才能使跷跷板平衡呢？

 我先算出7＋2＝9，另外两个数加起来也应该等于9，可以是1＋8＝9。

还可以选1、3、5，只要合起来的得数是9的方块组合在一起就可以。

 小朋友，你一共想到了几种方法？快和爸爸妈妈一起来研究吧！

7. 跷跷板游戏

活动五

交换哪两组方块的位置，才能使跷跷板平衡呢？

一起来交流

左边 8＋2＝10，右边 7＋1＝8，左边比右边多 2。将 8 和 7 交换，左边 7＋2＝9，右边 8＋1＝9。

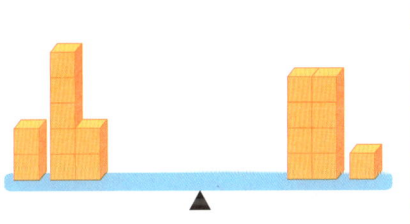

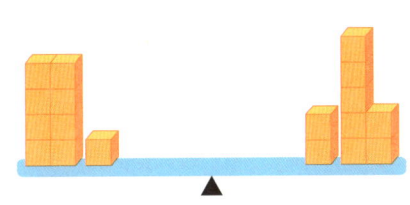

还可以交换 1 和 2，交换后左边 8＋1＝9，右边 7＋2＝9。

小朋友，你还有别的方法吗？

 8和1能交换吗?

不能,交换后左边 1＋2＝3,右边 7＋8＝15。

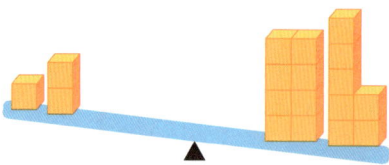

想一想,在交换方块的时候要注意什么?

 快和爸爸妈妈一起来挑战吧!

小朋友,你已经会玩方块跷跷板游戏了吧?快和你的爸爸妈妈一起用这些方块来设计跷跷板游戏吧!

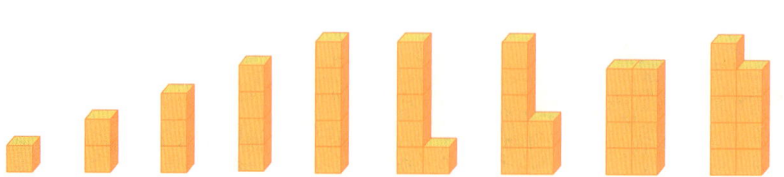

8 有趣的积木

扫码听讲解

小朋友,你能说出下面这些积木的形状吗?

 我知道,它们分别是长方体、圆柱、正方体和球。

小朋友,请你拿出上面的四种积木摸一摸、玩一玩,你有什么发现呢?

 我发现圆柱和球可以滚动。

我发现长方体和正方体总是能稳稳地立住。

 请说出下面这些物体的形状。

  你能用积木搭出长方体、正方体或圆柱吗?

一起来交流

我能用 2 个  搭成一个长方体。

8 个  就可以搭成一个大正方体。

2 个  也能搭成一个大的圆柱。

小朋友,你也来搭搭看吧。

 下面的四个图中,哪几个是由 4 个 ◻ 搭成的?在相应的( )里画"√"。

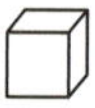

( )　　( )　　( )　　( )

搭一搭

用 4 个 ◻ 还能搭出哪些形状?

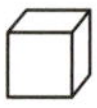

我搭出了 4 种。

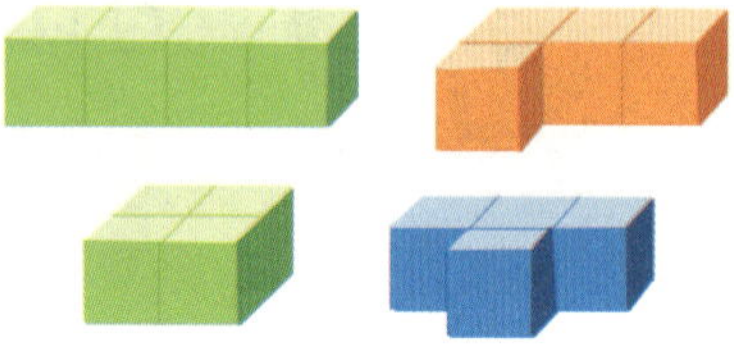

用 4 个 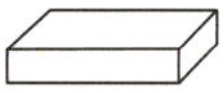 ▭ 能搭出几种不同的长方体?

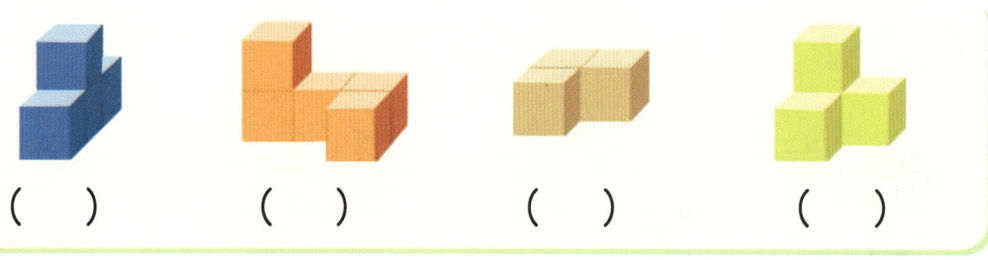

可以这样搭。

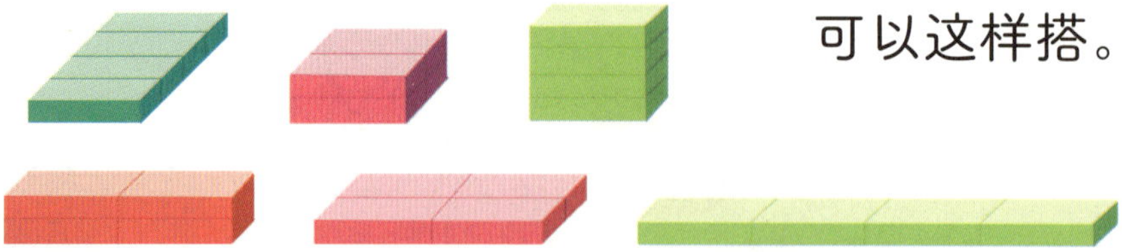

你搭出了几种?

我们继续来挑战。

 下图中有几个球，几个长方体，几个圆柱？

文化链接

卯榫

卯榫（mǎo sǔn），是古代中国传统建筑、家具及其他器械的主要结构方式。把卯榫和积木结合起来，就能创造出有趣的卯榫积木。

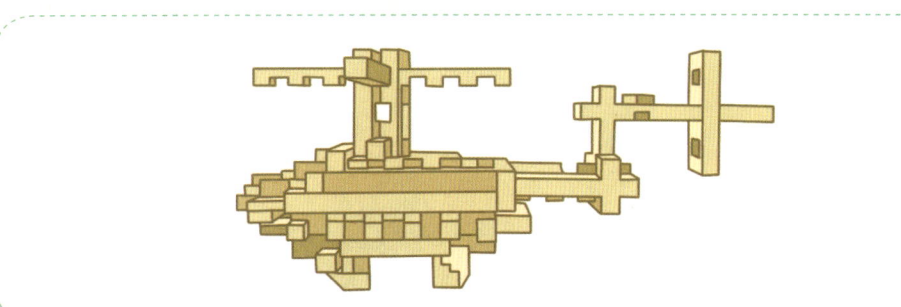

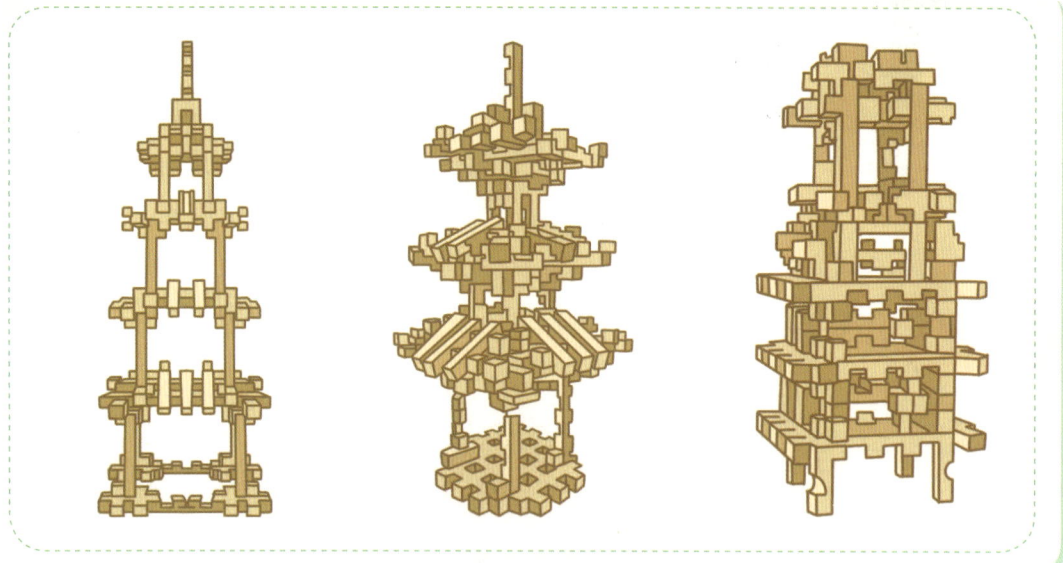

 快和爸爸妈妈一起来挑战吧!

和爸爸妈妈一起搭一搭积木,看看你能搭出什么物体?

9 有趣的四巧板

扫码听讲解

活动一

我国古代也有许多玩具,你玩过哪些呢?

华容道

孔明锁

七巧板

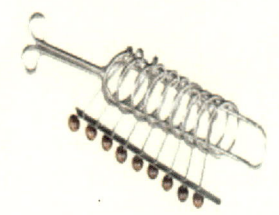
九连环

鲁班球

四巧板

小朋友,跟我一起去玩一玩四巧板吧!

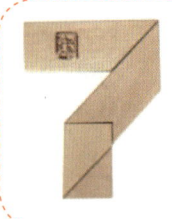

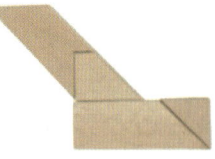

小朋友，你知道一副四巧板是由几块板组成的吗？

四巧板，四巧板，当然是由四块板组成的啦！

那这四块板各是什么形状呢？一起来看看吧。

 下面的图形各有几条边？

(4)条　　( )条　　( )条　　( )条

我发现有些四巧板的边是一样长的，它们可以重合在一起。

  小朋友，请你拿出四巧板先比一比，再把相同长度的边描上同一种颜色。

描一描

动手操作 你能用四巧板拼出不同的长方形吗？试试看吧。（先拼一拼，再画一画）

一起来交流

 我拼出来了。

我拼的长方形怎么跟你的不一样呢？

长方形有直直的角,你拼出来的怎么是斜斜的角呢?

这两个图形叫作平行四边形。你还能拼出不一样的平行四边形吗?试一试吧。

四巧板除了能拼出长方形和平行四边形,还可以任意选择其中的两块板拼出一些其他的基本图形哦。

看我的,每块板还可以任意地翻转摆放呢!

 你还能拼出哪些基本图形呢?

 四巧板可以拼出很多有趣的图形，试着拼一拼。挑战完成后，给自己涂上小星星吧！

 你能拼出下面的图形吗？尝试画出分割线。

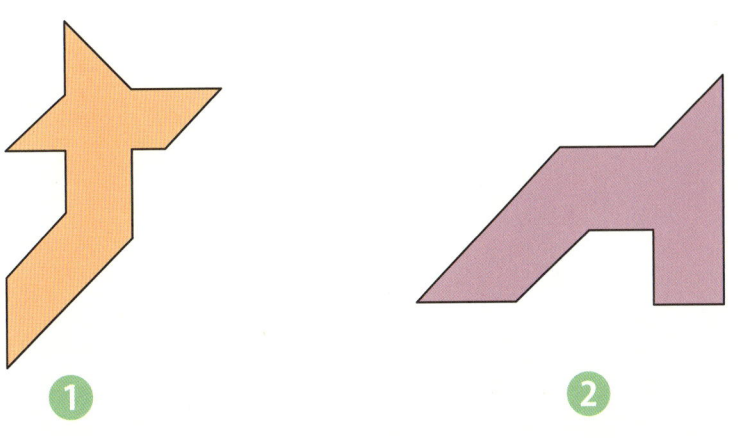

① ②

如果身边没有四巧板,可怎么办呢?

 那也可以自己做一副呀!很简单的!

制作方法见书后附页。

 快和爸爸妈妈一起来挑战吧!

小朋友,请你和爸爸妈妈一起来创造喜欢的图形吧,并给它们取个好听的名字。

10 火柴棒游戏

扫码听讲解

小朋友,你知道这些图形是用什么摆成的吗?

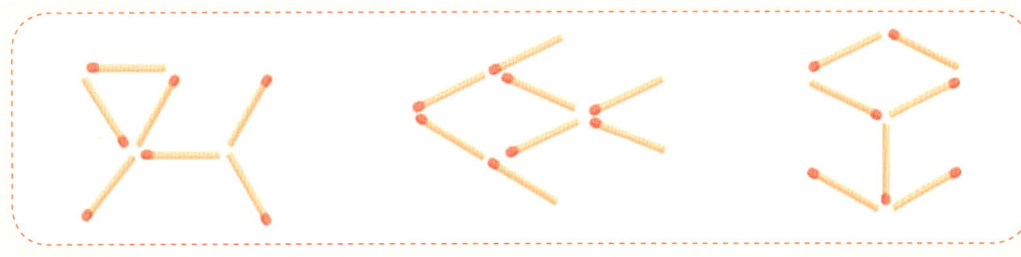

 我知道,是火柴棒。

是的,小小的火柴棒王国里,有着很多奇妙的数学问题。我们一起来摆数字吧!

 你能用火柴棒摆出"0"和"9"之外的数字吗?

 侨侨,你看我用火柴棒摆出了数字"0"。

我用火柴棒摆出了数字"9"。

动手操作

1. 摆一摆：用火柴棒摆出数字1至9。
2. 画一画：把你摆出的数字画在下面的格子里。
3. 说一说：我用了（　　）根火柴棒摆出了数字（　　）。

一起来交流

我是这样摆的。

真棒！摆出的每个数字用到的火柴棒根数都不一样呢。

10. 火柴棒游戏

 移动火柴棒还会使数字发生变化哟！

你看！左下的移到中间就可以啦！

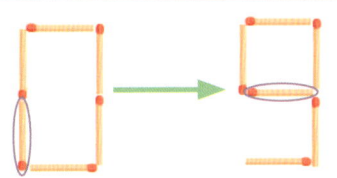

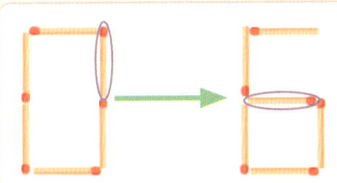

是的，还可以这样变，右上的移到中间。

 聪明的你，还能发现哪些数字可以通过移动火柴棒变成另一个数字呢？

真有趣！我还发现增加一根或者减少一根，也会发生变化。

是啊，你看在 1 的左上角加上一根就变成 7 了。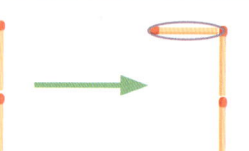

小朋友，你也动手试一试吧！

动手操作 根据下面的要求，改变数字。

增加一根	减少一根
5	8

5 增加一根可以变成两个不同的数字呢！

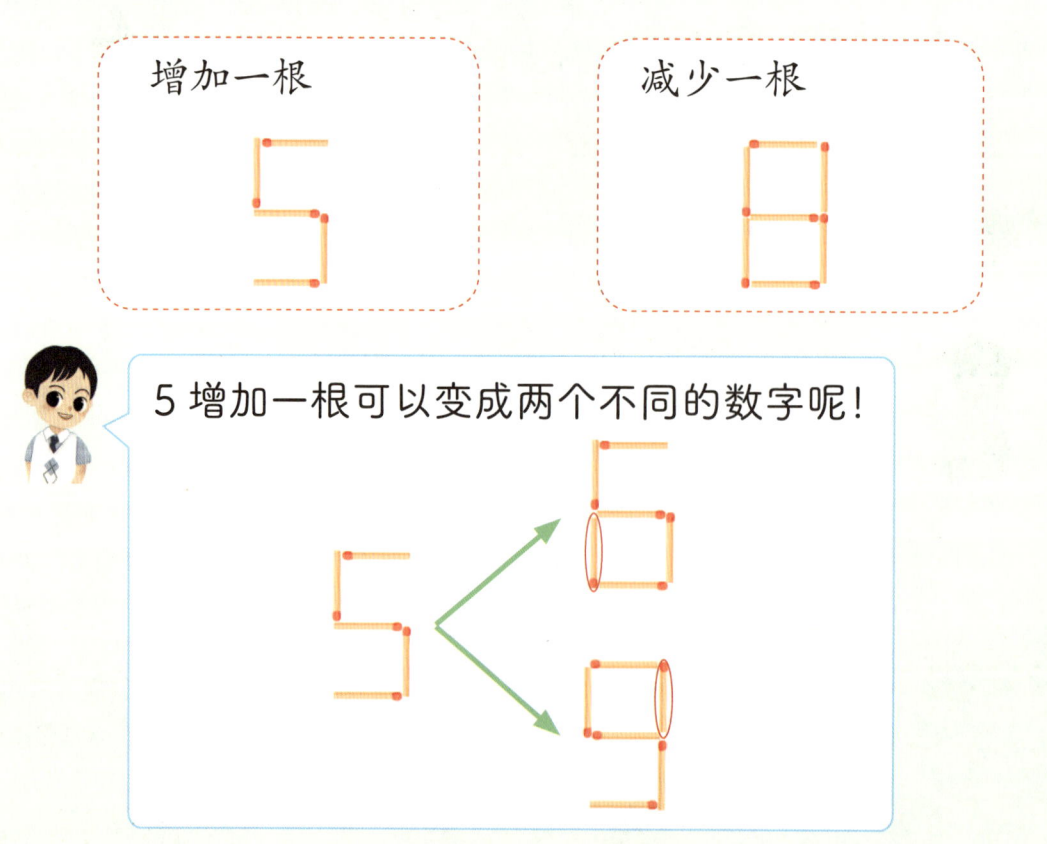

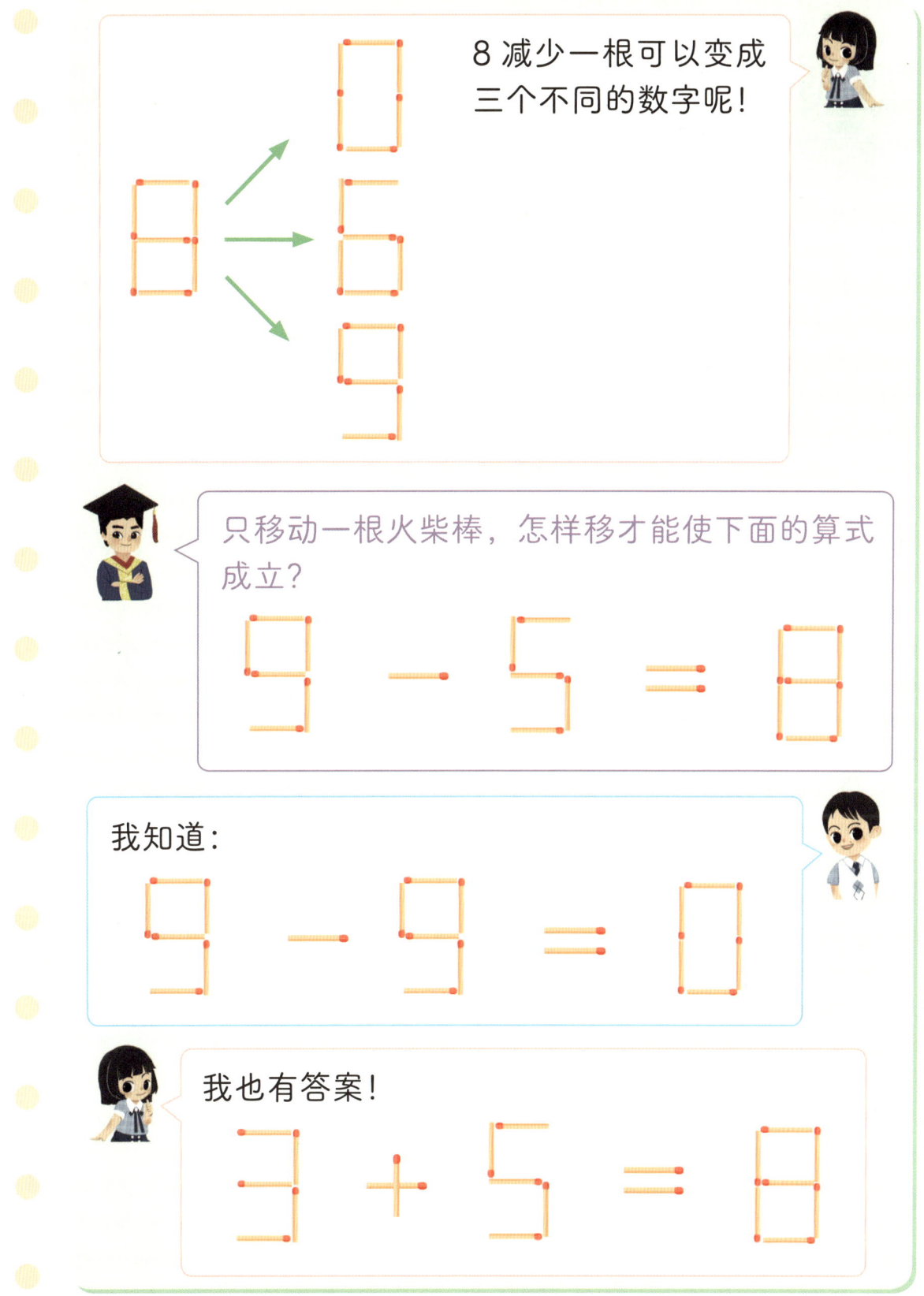

  小朋友，只移动一根火柴棒，下面的数能变成尽可能大或尽可能小的两位数吗？请你试一试吧！

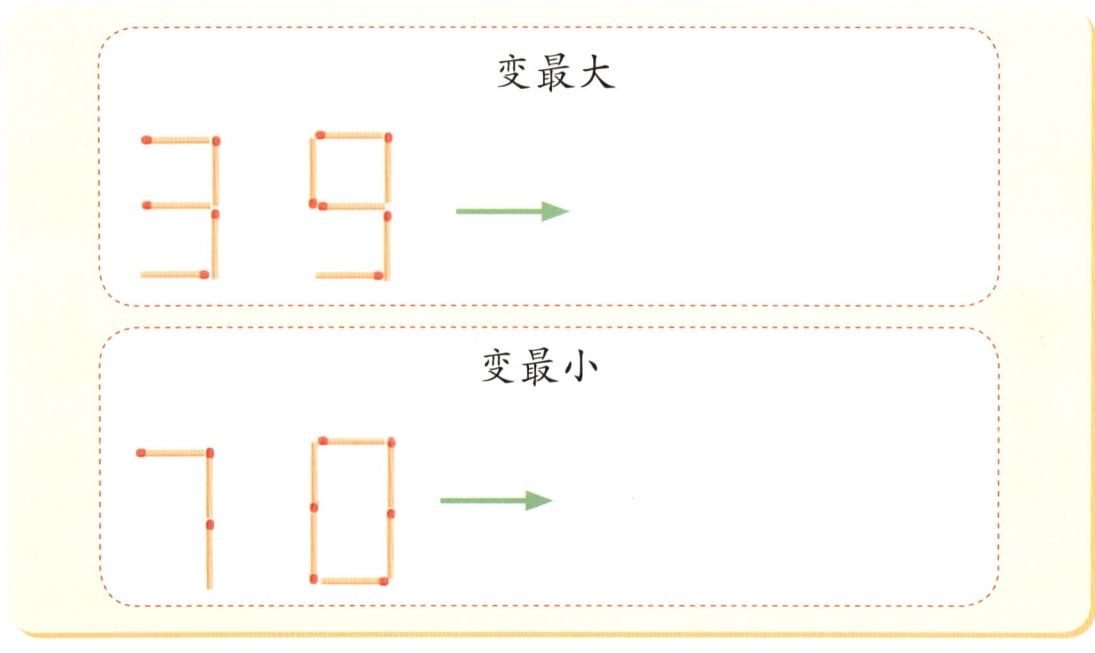

变最大

3 9 →

变最小

7 0 →

我想到了，把个位上的 9 变成 5，多出来的一根移给十位上的 3，把 3 变成 9，39 变最大就是 95。

真棒！变小我是这样想的。把十位上的 7 变成 1，多出来的一根移给个位上的 0，把 0 变成 8，70 变最小就是 18。

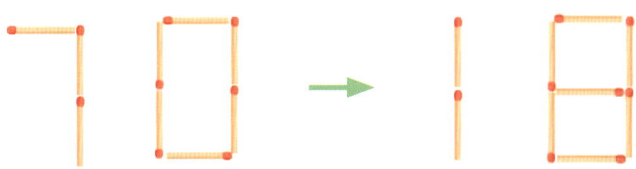

要想变大或者变小，要从十位入手哦！

 快和爸爸妈妈一起来挑战吧！

你能只移动一根火柴棒就使下面的等式成立吗？和爸爸妈妈比一比吧！也可以让爸爸妈妈编题考考你哦。

11 货币的发展

扫码听讲解

小朋友，你知道不用钱的时候人们是怎么进行买卖的吗？

呀，怎么办？去超市我忘带钱了！

别着急。很久以前买东西可以不要钱，你想了解一下吗？

猜一猜 看看人们的穿着，猜一猜这是什么时候的场景？

苹果换坚果，换吗？

漂亮贝壳换漂亮石头，换吗？

鱼干换毛皮披风，换吗？

一起来交流

原始社会的人们要用物品来交换自己想要的物品,怪不得不要"钱"。

是的,原始社会是没有"钱"的,人们采用物物交换的方式得到自己所需要的物品。最早的物物交换发生在距今六七千年前。

你能看懂下面的物品是怎么交换的吗?

当然,1头猪可以换2只羊。

如果用△表示猪,用○表示羊,那么1头猪可以换2只羊,就用△=○+○来表示。

 3头猪可以换几只羊，10只羊能换几头猪？你能用小博士的方法画一画吗？

❶ 卖羊人想用羊换一匹布，但卖布人不需要羊，他想要小麦。

❷ 卖羊人找到卖小麦的人交换，卖小麦的人也不想要羊，他想要斧子。

❸ 卖羊人终于找人换到了斧子。

❹ 卖羊人又用斧子换到了小麦。

❺ 最后，卖羊人终于用小麦换到了布。

11. 货币的发展

活动二

 小朋友,随着时间推移,你能发现交易的变化吗?

一起来交流

 物物交换太麻烦,因此在奴隶社会的夏朝末年,贝壳成为交换媒介。

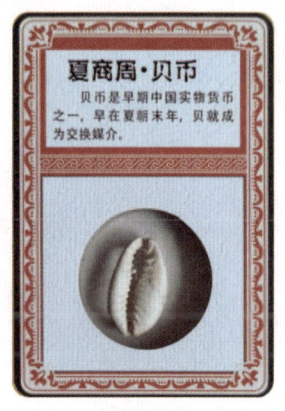

 贝壳在海边才有,数量不多,因此很珍贵。再加上贝壳不大,便于携带和记数,因此贝壳成了最早的货币。

 原来如此,怪不得我们的汉字中,与财富有关的字大多用"贝"这个偏旁呢。

 随着商品交换的迅速发展,贝壳数量有限且易碎,已经不能满足人们的需求。于是,金属逐渐取代了贝币。

铜贝是最早的金属货币。铜贝的出现标志着我国古代货币由自然货币向人工货币转变。

铜贝

 从商朝到战国时期，我国的货币逐渐形成了四大体系。

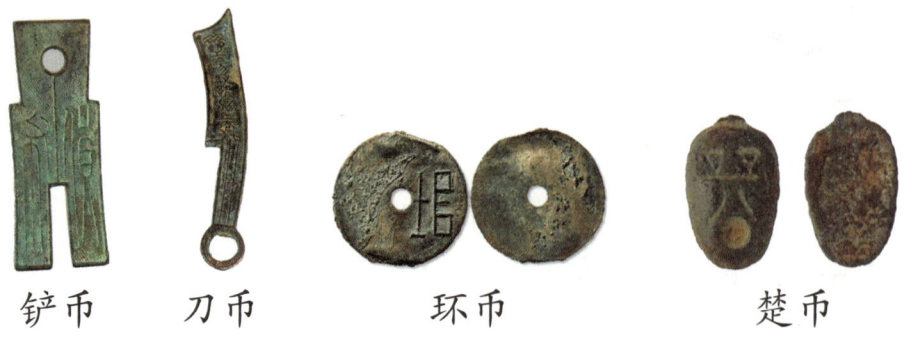

铲币　　刀币　　　环币　　　　楚币

秦朝统一中国后，颁布了中国最早的货币法，规定全国范围内统一通行两种货币，即黄金和铜钱。

后来，圆形方孔的秦半两钱在全国的通行，结束了我国古代货币形状各异、重量悬殊的杂乱状态。这种圆形方孔的货币形状一直延续到民国初期。

秦半两

认一认 其他朝代的货币

唐朝　　　宋朝　　　元朝　　　明朝　　　清朝

 快和爸爸妈妈一起来挑战吧！

和爸爸妈妈一起找一找现实生活中的货币，认一认、比一比，有什么不同呢？

12 认识人民币

扫码听讲解

活动一

 小朋友,今天给大家带来了人民币,我们一起来认一认吧!

认一认

 有些人民币是纸做的,叫作纸币;有些人民币是金属做的,叫作硬币。

  我们来看看人民币上都有什么？

国徽　　正面　　　　　反面

毛主席的头像　　　山水画

人民币各部分的组成内容大致相同，只是面值不同。

 怎么辨别人民币的面值呢？

 我看到人民币上有数字。

我也看到了！反面也有。

这是一张1元的人民币。

填一填 你认识下面的人民币吗?

100 元　　　　　50 元

（　　）元　　（　　）元　　（　　）元

认一认

1 元			1 分	
5 角			2 分	
1 角			5 分	

不同面值的人民币，它们的颜色、大小、图案都不同。

活动三

我们来看看不同面值的人民币之间都有什么关系吧!

一起来交流

 人民币里面有元、角、分,它们之间有什么关系呢?

我们一起来请教小博士吧!

 元、角、分都是人民币的单位。

1 元 = 10 角

1 角 = 10 分

一张  可以换（　）张 ；

一张  可以换（　）张 ；

一张  可以换（　）张 ；

一张  可以换（　）张 。

 你知道这是多少钱吗？

（　）角（　）分

（　）元（　）角

在数钱数时，相同单位的人民币要合在一起。

买一买 买下面的物品，怎么付钱最简便？请你圈一圈。

16 元 5 角

72 元

人民币的面值

人民币是中华人民共和国的法定货币，它的常见面值是1元、2元、5元、10元，这是为什么呢？

因为人民币作为一种流通的货币，银行在发行时都希望面值品种尽量少，这样可以减少流通中的麻烦；而用1、2、5、10就能以最少的加减方式组成另一些数，且在实际应用中，用1元、2元、5元、10元这样面值的货币来付钱、找钱，可以让付钱、找钱时的张数最少，计算起来也最简便快捷。

 快和爸爸妈妈一起来挑战吧！

如果华华去超市买了17元的东西，那么他可以怎么付钱呢？最少需要几张纸币？（拿出钱来摆一摆）

13 小蚂蚁堆糖果

 小朋友，今天要带大家去帮小蚂蚁堆糖果，跟我一起去帮忙吧！

5只小蚂蚁搬来了5堆糖果，它们分别有1、2、3、4、5粒。小蚂蚁把糖果放在十字形的5个洞里，使横行、竖列上的三个数的和相等。帮小蚂蚁想一想怎么摆合适？

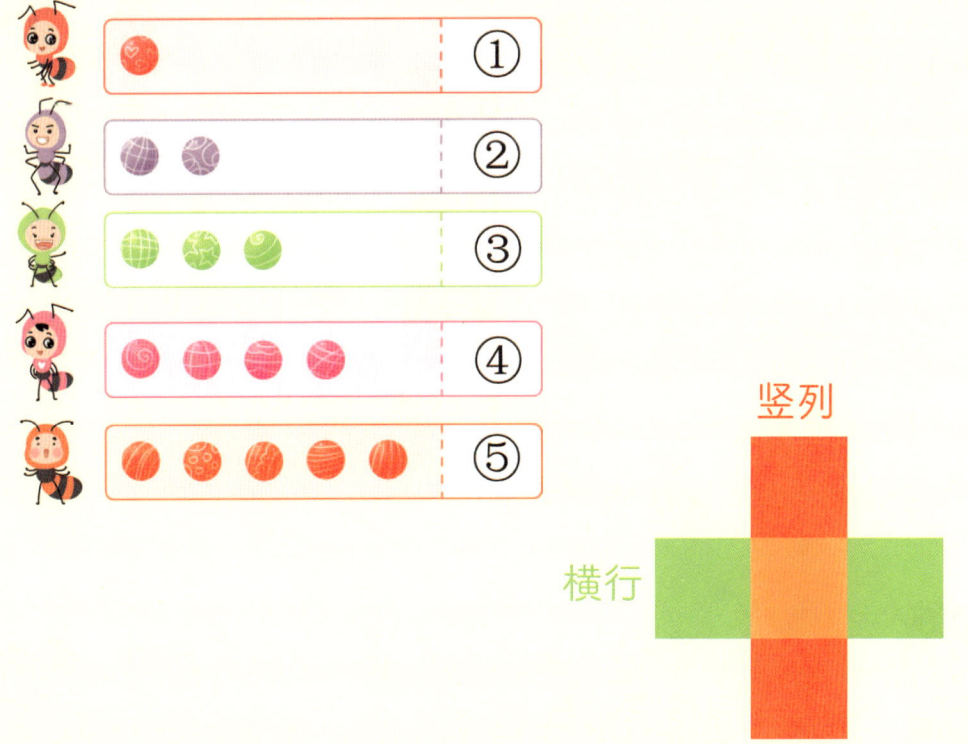

一起来交流

小朋友,你看明白游戏规则了吗?你是怎么摆的?

我明白了,可以这样摆:

让我看看你摆对了没有!

竖着看:1+3+5=9

横着看:2+3+4=9

你摆对啦,真厉害!

你发现了吗?横行、竖列上的数相加时,都加了中间格里的数。

13. 小蚂蚁堆糖果

  中间格里摆 3，四周的数还有别的摆法吗？你来试一试吧！

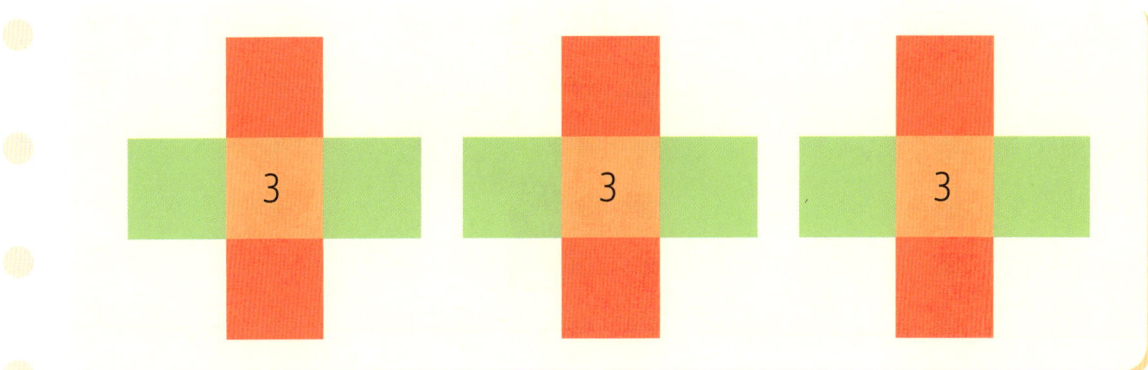

 我想这样摆：

你这样摆不对，2＋3＋5＝10，1＋3＋4＝8，和不相等！

 谢谢你的提醒！我发现还可以这样检查：中间的数字都是3，那么只要横行、竖列两端的数字分别相加就可以了。2＋5＝7，1＋4＝5，所以我摆错了！

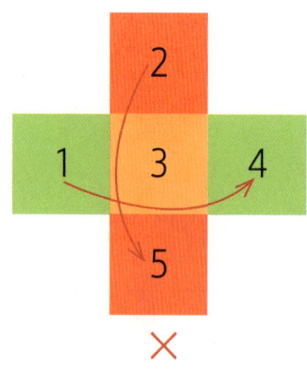

小朋友，你也检查一下自己摆的对不对吧！

 小朋友，恭喜你完成了前面的挑战。小博士为你点赞哦！相信你能继续完成下面的挑战！

 若中间格里摆1，四周的数怎么摆呢？

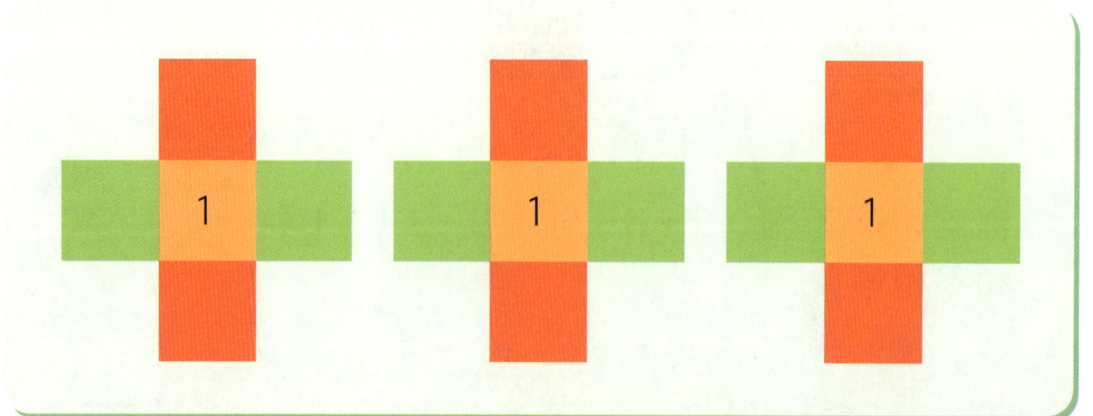

仔细观察下面这三种摆法，它们有什么**相同**的地方吗？

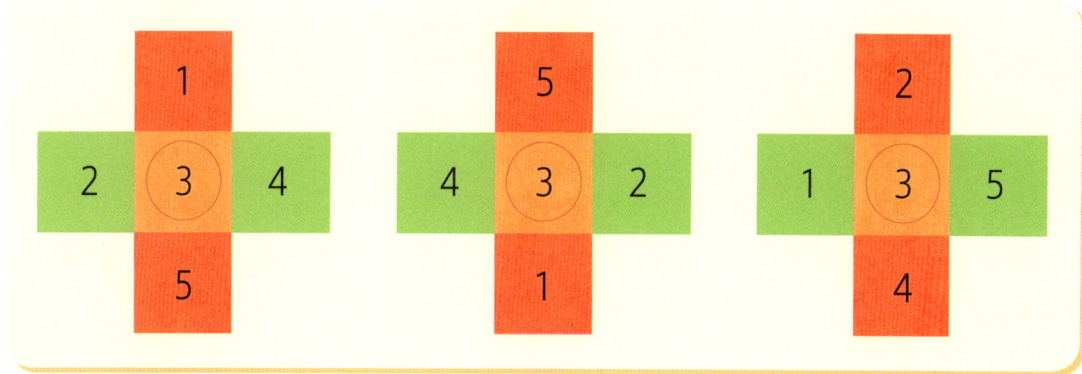

我知道了！这三种摆法中间格都是 3！因为 1、2、3、4、5 中，3 排在最中间！

虽然四周的数位置都在变，但永远是 1 和 5 一组，2 和 4 一组。

看来 3 摆中间时，这样分就可以：
1 2 ③ 4 5。

 除了1和3，中间格还能摆其他数吗？再试一试吧！

相信你一定行，加油！

一起来交流

我试了一下，2不能摆在中间格，这是为什么呢？

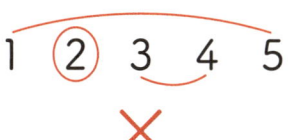

因为中间数为2时，其余的四个数**不能**分成**和相同**的两组数。

想一想 当中间格摆上除了1和3外的其他数时，其余的四个数能分成和相同的两组数吗？请你先连一连，再判断！

1 ② 3 4 5　　（　　）

1 2 3 ④ 5　　（　　）

1 2 3 4 ⑤　　（　　）

我会摆了！先**确定中间**格里的数，再把其余的四个数连线分成**和相同**的两组。

活动四

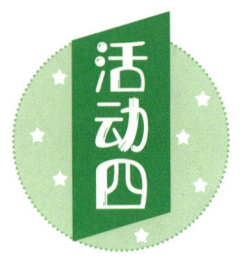

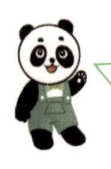

小蚂蚁又搬来 5 堆糖果，现在它们分别有 2、3、4、5、6 粒。小蚂蚁把糖果放在十字形的 5 个洞里，使横行、竖列上的三个数的和相等。

动手操作 圈一圈，连一连，再摆一摆。

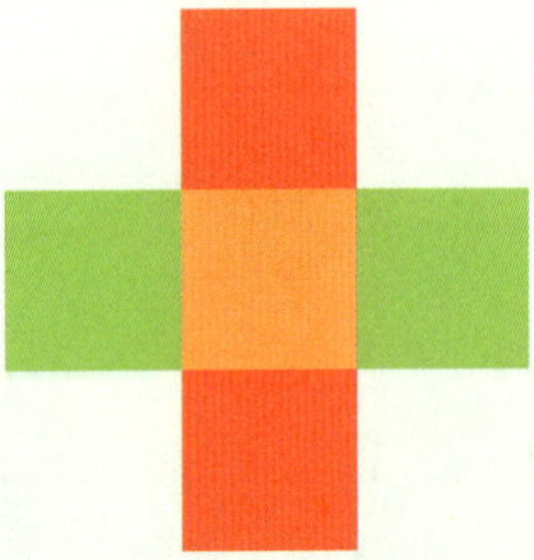

2 3 4 5 6 (　)

2 3 4 5 6 (　)

2 3 4 5 6 (　)

2 3 4 5 6 (　)

2 3 4 5 6 (　)

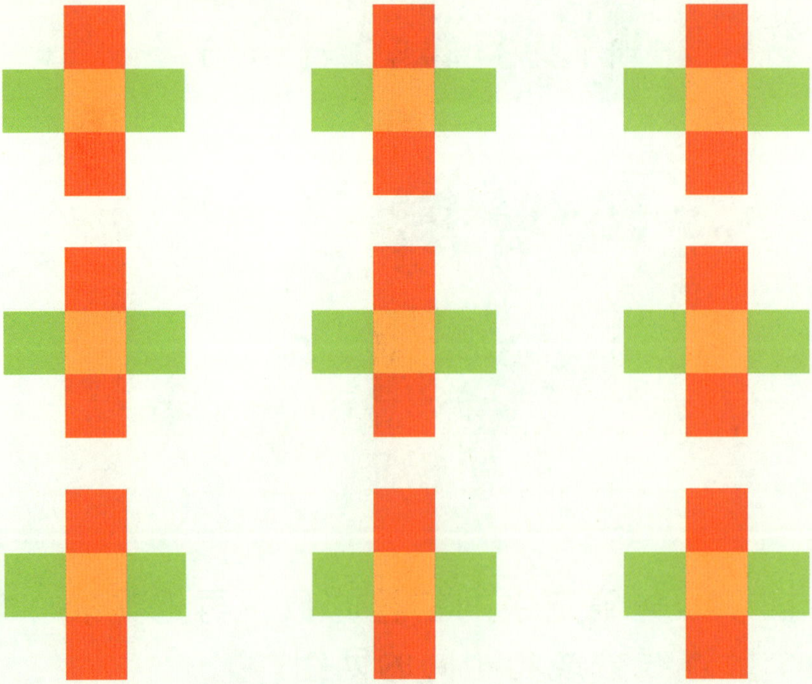

小朋友，小博士调整了游戏规则哦！快来挑战吧！

 把 1、2、3、4、5、6、7 摆到圆圈中，使每条线上三个数的和相等。

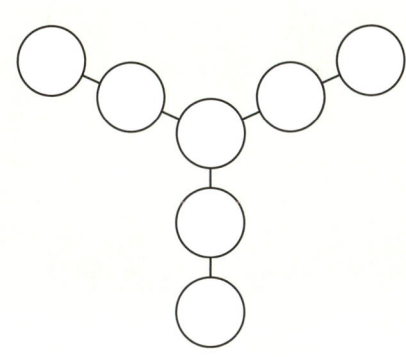

可以先确定中间圆圈里的数，再把其余六个数分成和相等的三组。

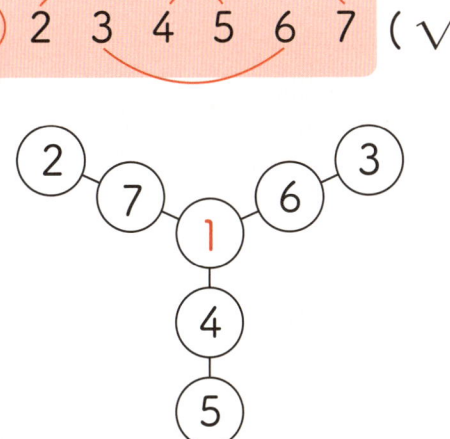

连一连

中间圆圈里除了摆1,换成其他数还能成立吗?请你先连一连,再判断。

1 ②3 4 5 6 7
( )

1 2 3 4 ⑤ 6 7
( )

1 2 ③ 4 5 6 7
( )

1 2 3 4 5 ⑥ 7
( )

1 2 3 ④ 5 6 7
( )

1 2 3 4 5 6 ⑦
( )

亲子乐园

快和爸爸妈妈一起来挑战吧!

10张数字卡片(1~10)反面朝上,和爸爸妈妈轮流抽取数字卡片,每人5张。抽完后放到十字形的5个洞里,使横行、竖列上的三个数的和相等。

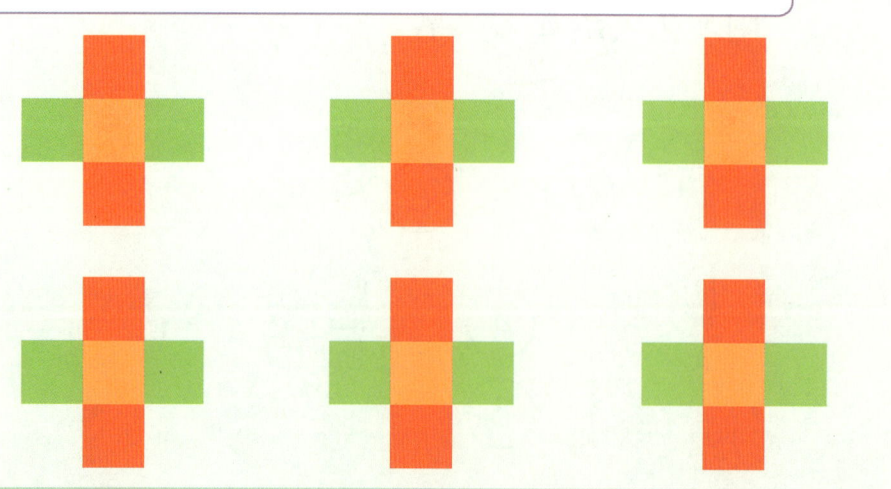

14 挖宝藏

扫码听讲解

小朋友,你听过关于海底宝藏的故事吗?一起去挖宝藏吧!

 或  或

 或  ……

❶ 小鱼身上的数字表示它周围一圈8个格子中隐藏的宝藏数量。
❷ 小鱼所在的格子中没有宝藏。

小朋友,你看明白游戏规则了吗?咱们去试一试吧!

填一填

❶ 如果小鱼身上的数字是4，表示它的周围藏了（　　）个宝藏；

❷ 如果小鱼身上的数字是2，表示它的周围藏了（　　）个宝藏；

❸ 如果小鱼身上的数字是0，表示它的周围藏了（　　）个宝藏。

 下面这幅图中宝藏可能在哪里呢？在可能有宝藏的位置画"√"。

14. 挖宝藏

 在下面的宝藏图中找到3个宝藏,快来试试吧。

小朋友,我们在找宝藏的时候,可以用"×"表示没有宝藏,用"√"表示有宝藏哦!

我从数字0开始思考,一下可以排除3个格子。

再看数字 1，它的周围只有 1 个宝藏，周围只剩 1 个格子，宝藏一定在那里，我先画上对号。

数字 3 周围有 3 个宝藏，已经找到 1 个了，剩下 2 格也一定有宝藏。

你们太聪明了！小朋友，你找到宝藏了吗？你还有别的方法可以找到宝藏吗？

一般我们先从 0 入手会比较方便找到宝藏。

14. 挖宝藏

 让我们继续来挑战，在下面的宝藏图里找到 5 个宝藏。

 小朋友，你会先从哪里入手找宝藏呢？可以先和你的爸爸妈妈说一说哦。

一起来交流

 我先从左下角的数字 0 入手，"0"表示小鱼周围有 0 个宝藏，也就是红色区域内宝藏数量为 0。

再看另一个数字 0，只剩黄色区域 2 个格子，这里也没有宝藏。

再观察数字 3，周围有 3 个空格，刚好可以放 3 个宝藏。

14. 挖宝藏

最后根据数字4确定周围的4个宝藏位置，同时排除数字2周围的1个格子。

 小朋友，你一定已经知道怎么挖宝藏了吧。和爸爸妈妈比一比，看谁挖宝藏挖得快！

 快和爸爸妈妈一起来挑战吧！

❶ 在下面的图中找到7个宝藏。

❷ 在下面的图中找到4个宝藏。

15 骰子游戏

扫码听讲解

我们一起来玩骰子吧！骰子有什么特点呢？一起来观察。

骰子的形状是正方体，它们都有 6 个面。

骰子每个面的点数不同。我们来数数看！

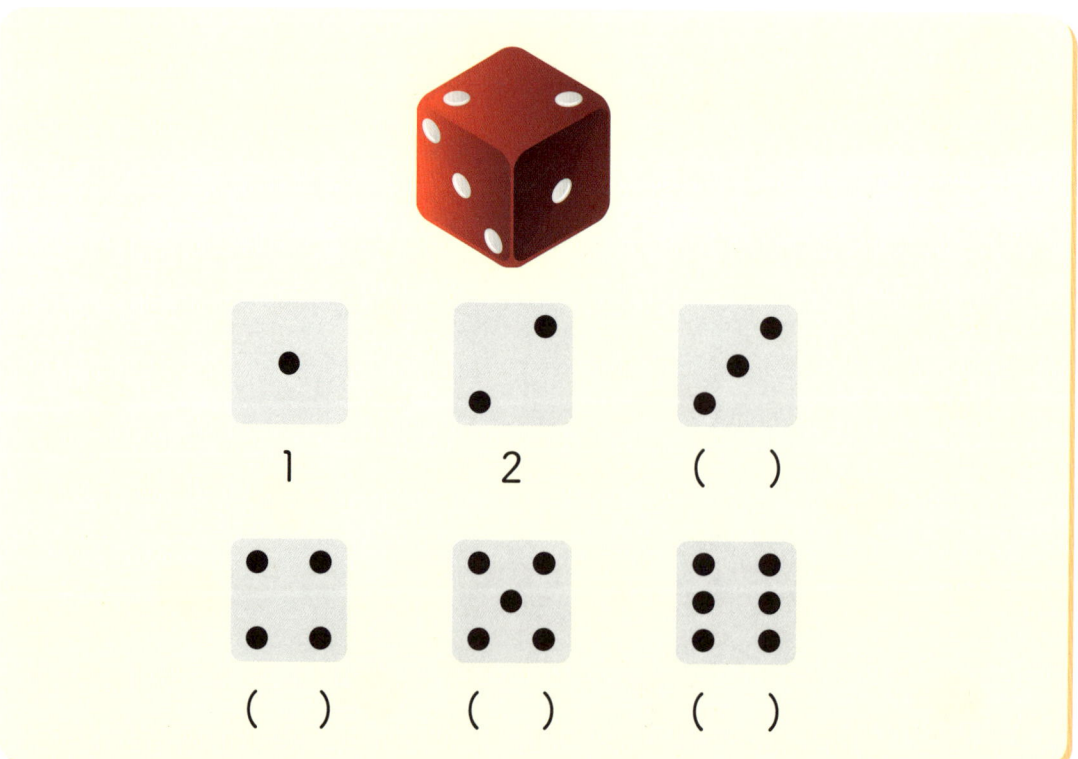

1　　2　　(　)

(　)　　(　)　　(　)

一起来交流

你知道1点朝上时,几点朝下吗?

我猜是6点,因为1点和6点面对面。

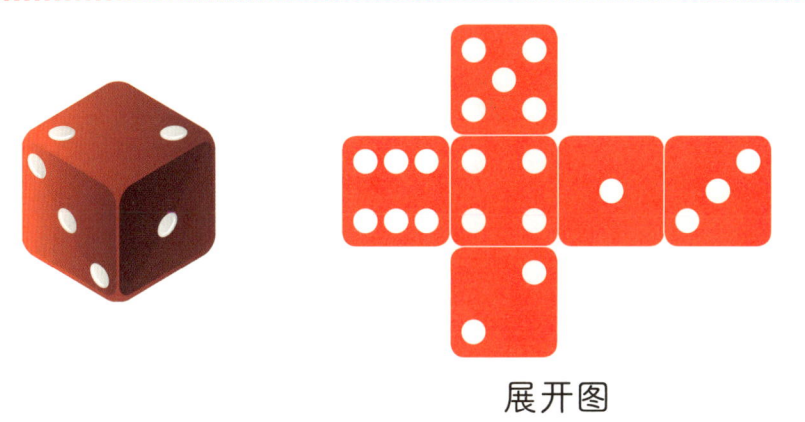

展开图

我发现2点和5点也面对面。

你们真棒,那你们知道3点的对面是几点吗?

我知道,3点的对面应该是4点。

是的,1对6,2对5,3对4。面对面的点数之和都是7。

  每人一颗骰子，扔一扔，谁的点数大谁就赢！

 看谁的点数大。

 我先来！

哈哈哈，我们比一下！

玩家	第一局	第二局	第三局	第四局	第五局
侨侨	6	2	1	1	4
融融	1	5	6	4	4
比较大小	6＞1				

 你们谁赢了？

游戏规则是谁的点数大谁就赢，融融赢了；如果比点数小，就是我赢了。

动手操作

小朋友，你会玩比大小的游戏了吗？也和你的小伙伴来比一比吧！

玩家	第一局	第二局	第三局	第四局	第五局
玩家1					
玩家2					
比较大小					

玩家	第一局	第二局	第三局	第四局	第五局
玩家1					
玩家2					
比较大小					

你可以把点数填在表格里，比完后说一说谁赢了。

每人扔两颗骰子,谁的两个点数之和大谁就赢!

比一比 谁的两个点数之和大?

 看我的:

 融融 6+1=7,侨侨 5+3=8,8比7大,侨侨赢了!

玩一玩 和你的小伙伴来玩一玩吧!把过程填在表格里。

玩家	第一局	第二局	第三局	第四局	第五局	第六局
玩家1	6+1=7					
玩家2	5+3=8					
赢家						

玩家	第一局	第二局	第三局	第四局	第五局	第六局
玩家3						
玩家4						
赢家						

写一写 两个骰子的点数之和有多少种情况呢？你能写一写吗？

两个骰子的点数之和最小是（　　），最大是（　　）。

活动四

 每人一颗骰子，先后各扔两次，谁扔的两次点数差距大谁就赢。

 看我的：

哇，你扔了一个最大的点数！

 我好想赢啊，我第二次扔出什么点数才能赢？

融融，你第二次扔的是1点就能赢！

 我一定要扔个1点出来。

玩家	第一次	第二次	相差
侨侨	1	4	
融融	6		4

好可惜，相差了 4 个点。

 侨侨和融融一共玩了两局，请你填一填表格，看看他俩谁赢了。

玩家	第一次	第二次	相差
侨侨	3	5	
融融	2		3

 小朋友，也和你的小伙伴来玩一玩吧！把点数之差填在表格里，看看谁是赢家。

玩家	第一局	第二局	第三局	第四局	第五局	第六局
玩家1	6−1=5					
玩家2	5−2=3					
赢家						

我扔的两次骰子点数之和是 6，点数之差是 4，猜猜我扔的两次骰子点数分别是几？

文化链接

骰子

骰子（tóu zi），通常作为桌上游戏的小道具。公元1100年之后，借用了古代美索不达米亚和埃及玩家的理念，其中1对面是2，3对面是4，5对面是6，现在发展为其相对两面数字之和必为7的标准骰子。

别名：色子（shǎi zi），猴儿

形状：正多面体

起源：中国三国时期

除了正方体的六面骰子，还有很多不一样的骰子，我们一起来认识一下吧！

四面骰子

八面骰子

十面骰子

十二面骰子

二十面骰子

100面骰子

15. 骰子游戏

 **亲子乐园**　快和爸爸妈妈一起来挑战吧！

骰子这么好玩，跟你的爸爸妈妈也来玩一玩吧，看看谁先到达终点！

游戏规则：

① 玩家每人准备一颗棋子（颜色不同），放置于起点"1"左侧；

② 轮流扔骰子，谁扔到几谁就往前走几步；

③ 谁先到达终点谁就获胜啦！

 真有意思！我迫不及待要跟爸爸妈妈比拼一下啦！

 还可以用骰子来玩飞行棋呢！

你也可以跟爸爸妈妈一起设计一些更有意思的骰子游戏哦！

16 小猫钓鱼

扫码听讲解

小朋友,你知道小猫钓鱼的故事吗?今天我们一起去帮小猫钓鱼吧!

一共有 5 只小猫,根据颜色,分别给它们起名叫小白、小灰、小黄、小蓝、小绿,来认识一下它们吧!

小白	小灰	小黄	小蓝	小绿

游戏规则

① 每只小猫只能钓相应颜色的小鱼。
② 鱼线只能上下左右走,且不能交叉;鱼线必须填满格子。

 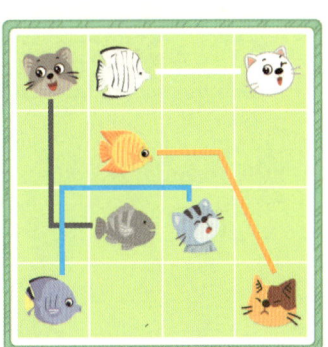

请你判断下面哪幅图是符合游戏规则的,对的请在下面的括号中画"√"。

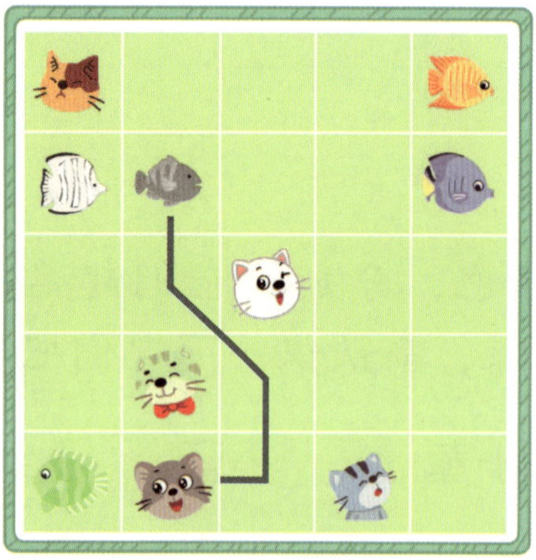

( )　　( )

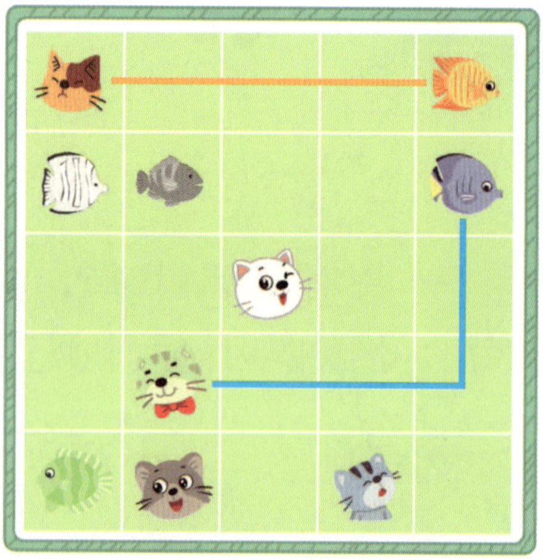

( )　　( )

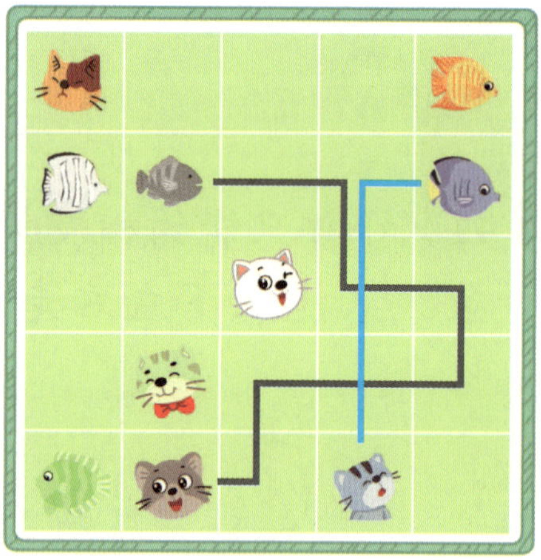

请你试着继续把正确的图画完整吧!

16. 小猫钓鱼

游戏规则大家都掌握了吗？快来挑战完成下面的小猫钓鱼游戏吧。

一起来交流

我从小白开始思考，鱼线要从小灰鱼背后绕过去，不然鱼线会和小灰的交叉。

再看小灰，钓鱼的时候要考虑给小黄的鱼线留出格子哦。

小朋友,你找到钓鱼技巧了吗?请你继续帮小猫们钓鱼吧。小黄怎么走才能填满格子?

我从小灰开始思考,这样小白和小黄的路线就确定了。小白和小黄怎么走才能填满格子呢?动手画一画吧!

还有不同方法吗?快来试一试!

16. 小猫钓鱼

难度升级，快来挑战吧！完成下面的小猫钓鱼游戏。

一般先从距离较远的小猫和小鱼开始考虑。

我从小白开始思考，鱼线要从小蓝鱼背后绕过去，不然鱼线会和小蓝的交叉。

再看小灰，钓鱼的时候要考虑给小绿的鱼线留出格子哦。

下面请你继续帮小猫们钓鱼吧，并完成新的挑战。快来试一试！

快和爸爸妈妈一起来挑战吧！

☆挑战

☆☆挑战

☆☆☆挑战

☆☆☆☆挑战

小朋友，你还可以想一想，同一幅图有没有**不同**的钓鱼方法呢？

17 趣味折纸

  把正方形的纸折成一样的两部分，怎么折？

 可以这样折。

也可以这样折。

17. 趣味折纸

动手操作

把长方形、三角形、圆形的纸分别折成一样的两部分，怎么折？

 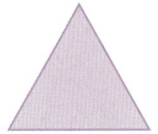 

一起来交流

长方形有 3 种不同的折法。

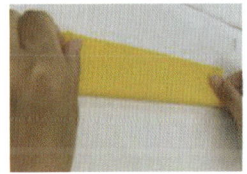  

 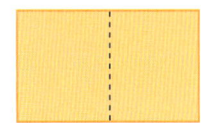 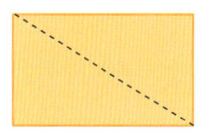

三角形可以这样折。

 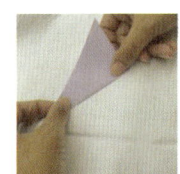 

我还会折圆形。

 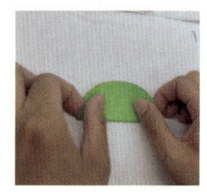  

 将前面折好的纸分别沿折痕剪开，再用剪出的图形照样子拼一拼。

 你分别用上了哪些图形？

一起来交流

 我用两个一样的三角形拼成了一个平行四边形。

我用了两个半圆和一个长方形。

 我还用了一个三角形和一个长方形。

试一试，你还能拼出其他图形吗？

 你能用一张长方形的纸折出正方形吗?

一起来交流

 可以这样折。

  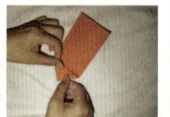  

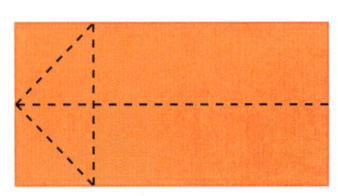 也可以这样折,折出两个小正方形。

 我还能用一张(　　　)的纸折出(　　)个(　　　)。

17. 趣味折纸

 你能用一张长方形的纸折一架纸飞机吗?

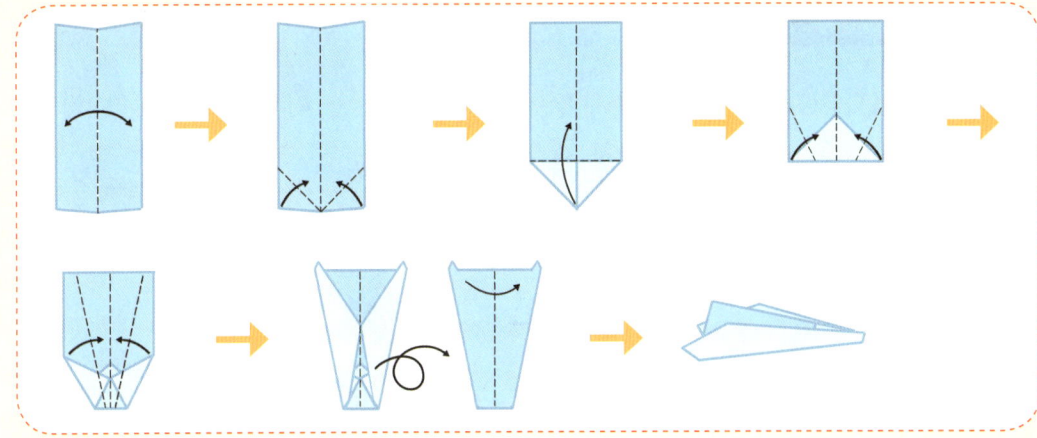

你还能折出其他图形吗?也可以从下面两个图中选择一个,试着折一折。

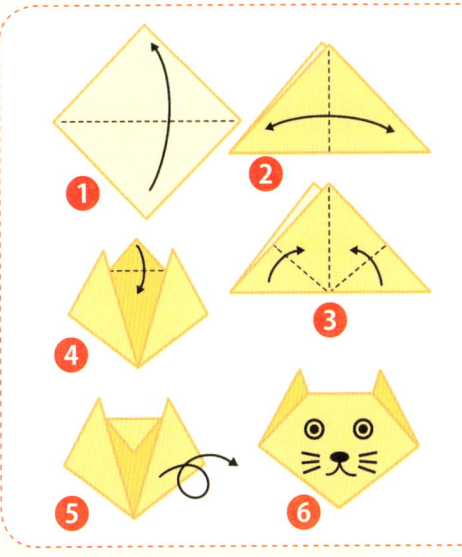

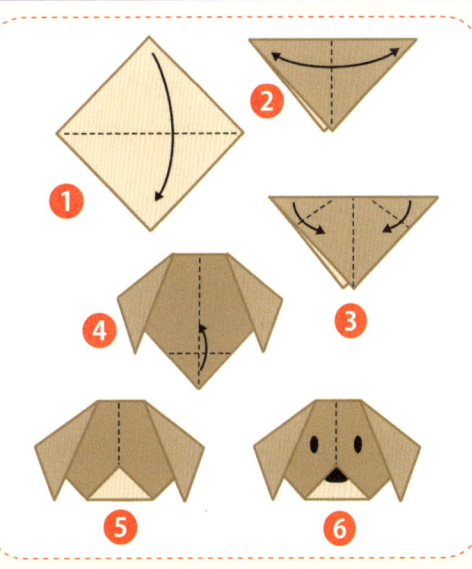

文化链接　　造纸术

古代没有纸，人们常常把字写在竹片上，很不方便。

蔡伦用树皮、麻头、旧渔网等原料制造出了纸。

这种纸取材容易，又很便宜，人们叫它"蔡侯纸"。

 亲子乐园　快和爸爸妈妈一起来挑战吧！

小朋友，我们已经知道了很多图形的变化，请你试着用不同的图形，自己拼搭一幅心目中的画吧！（试着将拼成的画画下来）

18 计时工具

扫码听讲解

活动一

小朋友,你知道在生活中是用什么来计时的吗?

生活中可以用各种各样的钟表来计时。

读一读

现代计时工具

闹钟　　石英手表　　秒表　　电子手表　　机械手表　　智能手环

哇!钟表的种类可真多呀!

 钟表是怎么计时的?

 不同的钟表计时方法也是不一样的。

 我知道挂钟的钟面上有三根针和12个数字。

 最长最细的针是秒针,它走得最快!

 最短最粗的针是时针,还有一根是分针。

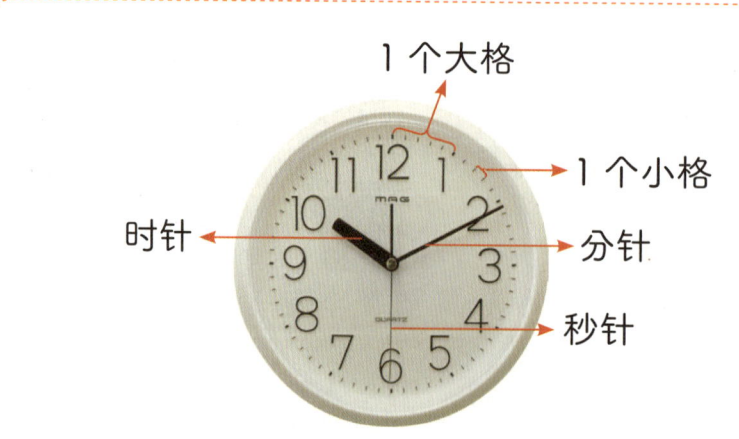

数一数：钟面上有（　　）个大格，1个大格里有（　　）个小格。

连一连 下面钟面上显示的分别是几时？请连一连。

时针指向8，
分针指向12。

时针指向6，
分针指向12。

时针指向9，
分针指向12。

9时　　　　　　8时　　　　　　6时

一起来交流

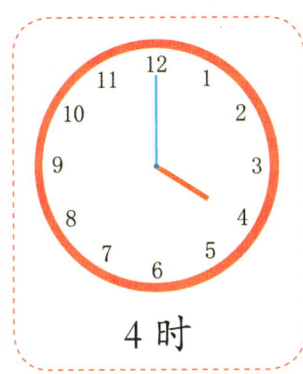

4时

分针指向12，时针指向几，就是几时。

在电子表上，8时就是8:00，6时就是____:____，9时就是____:____。

认一认 这两个钟面上显示的是什么时间呢？

一起来交流

感觉跟8时很像，但是又不一样。

左边的钟面上时针已经走过8一点点，分针走过12一点点，是8时多。

我知道了，右边的钟面是8时不到，还差一点。

不到8时就是7时多。

18. 计时工具

  下面钟面上显示的分别是几时？

时针指向 8 和 9 的中间，分针指向 6。

8 时半

____:30

时针指向 6 和 7 的中间，分针指向 6。

____时半

____:____

 分针指向 6，时针超过几时，就是几时半。下面的表你也来看一看吧。

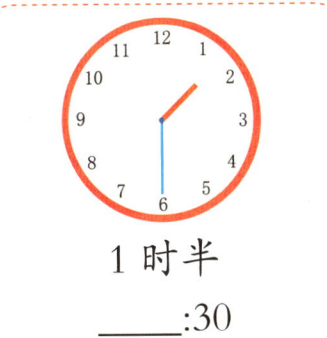

1 时半

____:30

10 时半

____:____

小朋友，你会看整时和半时了吗？

 画一画时针和分针。

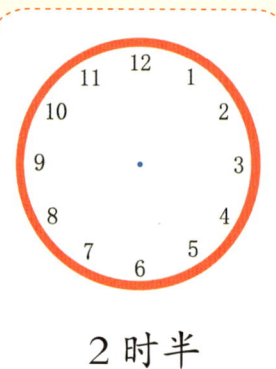

2时半

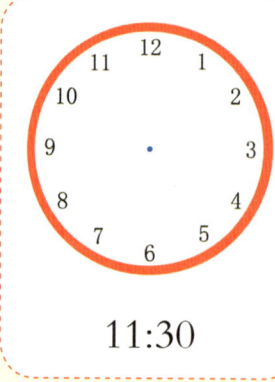

11:30

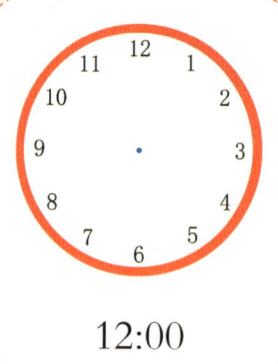

12:00

除了整时和半时，你还会看其他时间吗？请你在钟面上画一画时针和分针。

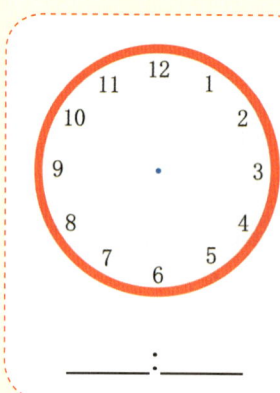

___ : ___

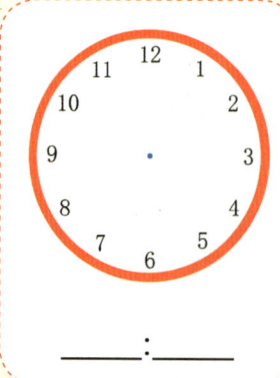

___ : ___

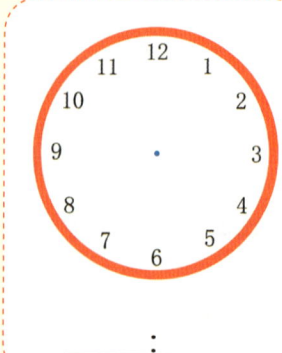

___ : ___

文化链接　　古代计时工具

日晷（guǐ）

中国古代利用太阳投射的影子来测定时刻的一种计时仪器，发明于汉代以前。

圭表

中国古代天文仪器，是在石座上平放着一个尺（圭），南北两端各立一个标杆（表）。根据日影的长短可以测定节气和一年时间的长短。

漏刻

利用水流的作用来计时。据史书记载，西周时就已经出现了漏刻。

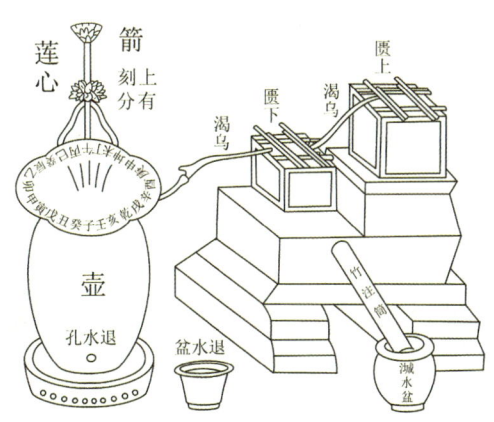

沙 漏

西方发明沙漏大约在公元1100年，比我国的沙漏出现要晚。沙漏的制造原理与漏刻大体相同，它是根据流沙从一个容器漏到另一个容器的时间来计量时间的。

亲子乐园 快和爸爸妈妈一起来挑战吧！

你能想象未来的计时工具是什么样子的吗？

 请你设计一款"未来计时工具",把你的想法画下来,然后和爸爸妈妈说一说你是怎么想的。

19 中国古代记数

扫码听讲解

活动一

小朋友,你知道古人是怎么记数的吗?

一起来交流

我知道有实物记数。

还有结绳记数。

后来有算筹记数。

对了,还有刻道记数。

读一读

很早以前,人们在生产劳动中有了记数的需要,这样就产生了数。

在远古时代,人们还不会用"一、二、三"这些数词来数数,只知道"一样多""多"或"少"。

19. 中国古代记数

 我在书上读到过,很久以前,古人用石子记数。牧民放出去一只羊就摆一颗小石子,石子和羊的数量是一一对应的。

没错,记数方法就这样产生了,这就是实物记数。

再后来，人们每捕获一只猎物，就在绳子上打一个结，用来统计猎物的数量。结绳记数的方法在某些少数民族至今还在沿用。

人们用在木棒上刻痕的方法来记录猎物的数量，每刻一道代表捕获一只猎物。刻多少道就表示捕获多少只猎物，这就是刻道记数。

小朋友，你会用上面的方法记数吗？来试一试吧！

❶ 现在猎人抓到了下面这些野猪，用石子记数需要摆（　　）块石头。

❷ 并在下面的绳子上用○表示"结"，画一画。

 当数量变多时，这些原始的记数方法就不方便了。

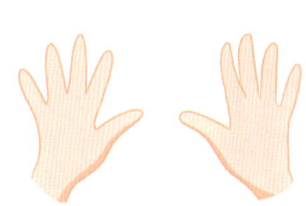  我们的十个手指是天生的"记数器"。原始人不穿鞋袜，再加上十个脚趾，记数的范围就更大了。现在，有些民族还用一只"手"表示"五"，用"人"表示"二十"呢。

两千多年前，古人发明了"算筹"。

算筹是一根根同样长短和粗细的小棒，一般用竹、木、骨等制成。

古人会把270多根这样的小棒放在一个布袋里，系在腰部随身携带。需要记数和计算的时候，就把它们拿出来放在桌上、炕上或地上来使用。

横式 — = ≡ ≣ ≣ ⊥ ⊥ ⊥ ⊥
　　　1 2 3 4 5 6 7 8 9

纵式 | || ||| |||| ||||| ⊤ ⊤ ⊤ ⊤
　　　1 2 3 4 5 6 7 8 9

几百年前，我国劳动人民根据古代的"算筹"发明了一种更加简便的记数工具——算盘。

档　梁　框　　　　　上珠　下珠

练一练

❶ 右图中一朵"花"表示（　　），刻了4朵花一共表示（　　）。

❷ 相传，一位考古学家在捷克斯洛伐克的摩拉维亚发现了一根有刻痕的狼骨。骨头上一共有55道刻痕，每5道刻痕一组。请你设计一个以5道刻痕为一组的图案，在下面的骨头上画出55道刻痕。想一想：你需要画出几个这样的图案呢？

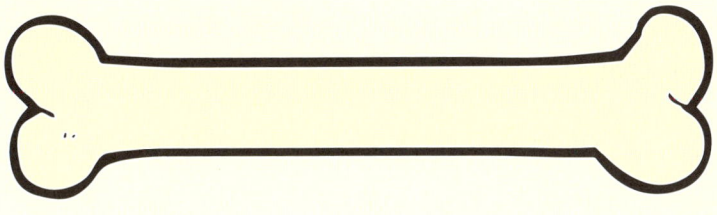

亲子乐园 快和爸爸妈妈一起来挑战吧！

小朋友，相信你肯定收获了不少。有空的时候和爸爸妈妈一起调查一下，我们现在是怎么记数的。

20 世界记数

扫码听讲解

活动一

 通过前面的学习，我们知道了中国古代的各种记数法，那么，世界上其他国家以前都是怎么记数的呢？我们一起去看一看吧！

 数一数右图中有多少只羊，并试着在下面介绍的不同的记数方法中圈出来。

 一起来交流

 1，2，3……这些是阿拉伯数字。

还有其他数字吗？

 古埃及是用象形数字记数的。

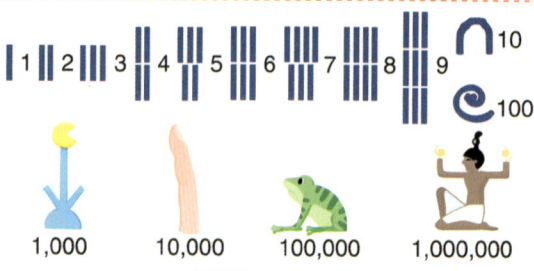

象形数字

巴比伦数字是古巴比伦人用削尖的芦苇秆或木棒在软泥板上刻写出来的，是人类最早的数字系统，5000多年前起源于古代伊拉克，也称"楔形数字"。

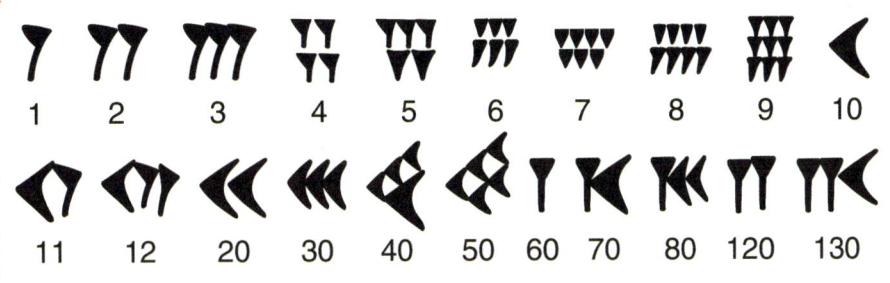

巴比伦数字

 大约2500年前，古希腊人创造了阿提卡数字。

A	B	Γ	Δ	E	……	I	K	Λ	……
α	β	γ	δ	ε		ι	κ	λ	
1	2	3	4	5		10	20	30	

P	Σ	A	B	M	M	(βM)	……
ρ	σ	α	β	β	β		
100	200	1,000	2,000	10,000	20,000		

阿提卡数字

古罗马人借鉴阿提卡数字创造了罗马数字。

I	II	III	IV	V	VI	VII	VIII	IX
1	2	3	4	5	6	7	8	9
X	XX	XXX	XL	L	LX	LXX	LXXX	XC
10	20	30	40	50	60	70	80	90

罗马数字

我们现在使用的阿拉伯数字是由古印度人发明的。

阿拉伯数字

世界上有这么多种记数方法，小朋友，你们都了解了吗？

认识了这么多种记数方法,比较一下,你最喜欢哪种数字?

仔细观察了一下这些记数方法,我发现,有的数字笔画太多了,数越大越难表示。

我认为阿拉伯数字是目前演变过来的最简单的一种数字。

小朋友,我们来比赛吧!写一个数,用你喜欢的记数方法表示出来。

亲子乐园

快和爸爸妈妈一起来挑战吧！

现在，我们在生活中还能看到罗马数字呢。

小朋友，和爸爸妈妈一起挑战一下，用罗马数字的形式写出 1 到 15 吧。

21 算筹记数

 小朋友,你知道算筹这个记数工具吗?

 算筹是许多根长为 13~14 厘米的小棒,大多用竹子制成。古人把算筹放在布袋里随身携带,遇到计算上的难题时,就拿出来摆一摆,算一算。

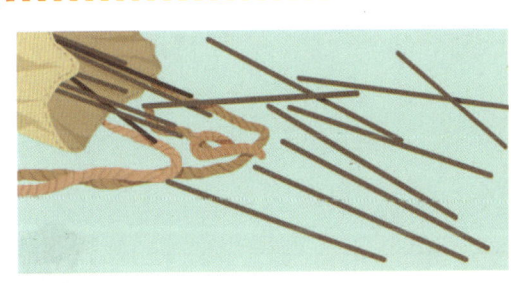 

你知道古人是怎么用 3 根小棒表示"3"的吗?

 我知道,可以横着摆。

还可以竖着摆。

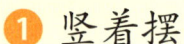 你能继续摆出 4 和 5 吗?

❶ 竖着摆

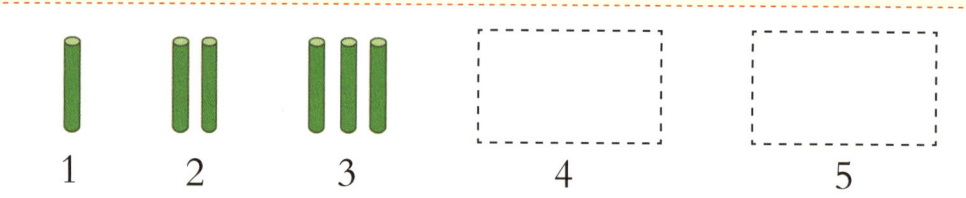

❷ 横着摆

用 1~5 根小棒就可以摆出 1~5 这 5 个数了。

 按照这样的规律，表示"6"需要摆 6 根，表示"7"需要摆 7 根……那表示"100"难道要摆 100 根吗？

哈哈哈，古人用智慧解决了你的问题呢，只用 2 根就能表示"6"了。

21. 算筹记数

你能试着用2根小棒表示"6"吗？先摆一摆，再画一画。

先确定哪个方向表示"1"，另一个方向就是"5"。

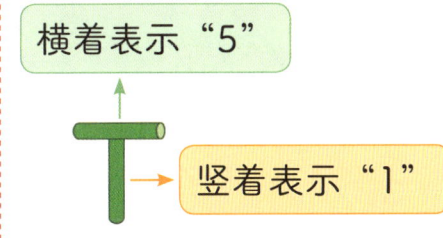

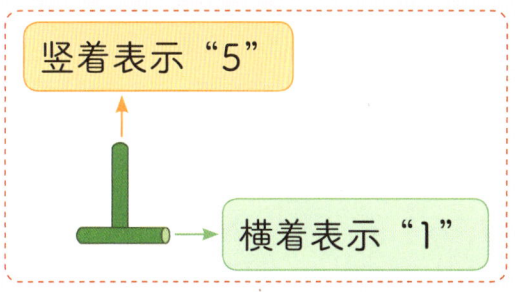

摆一摆 你能继续摆出7、8、9吗？

❶ 竖着摆

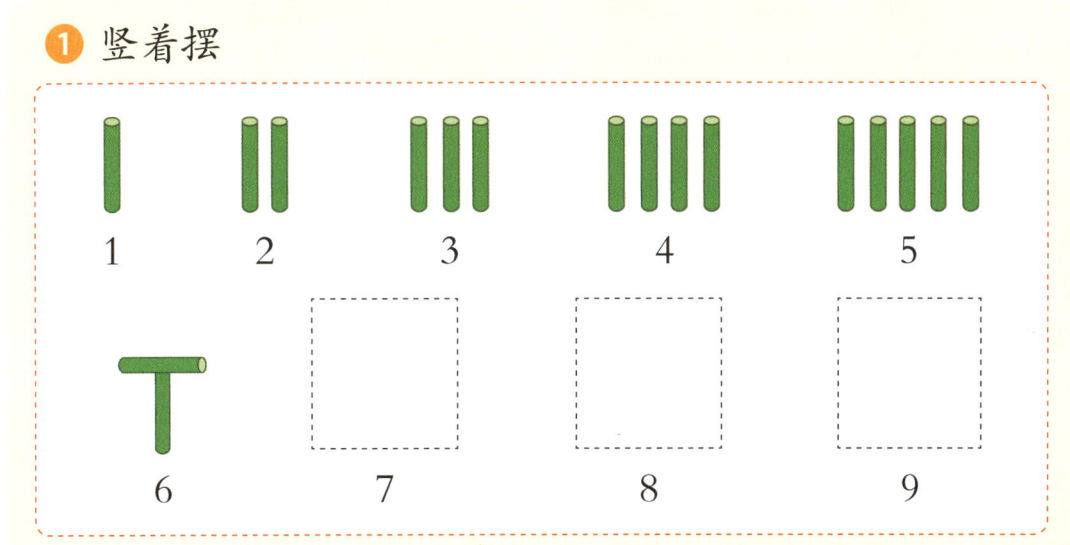

2 横着摆

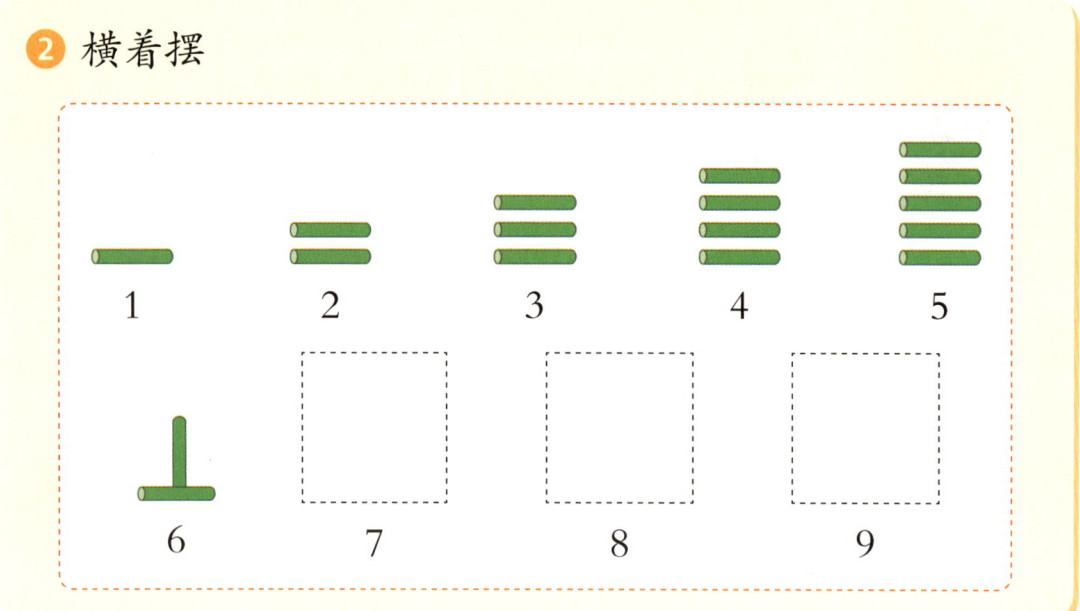

数一数 数一数小方块的数量，用算筹表示出来。

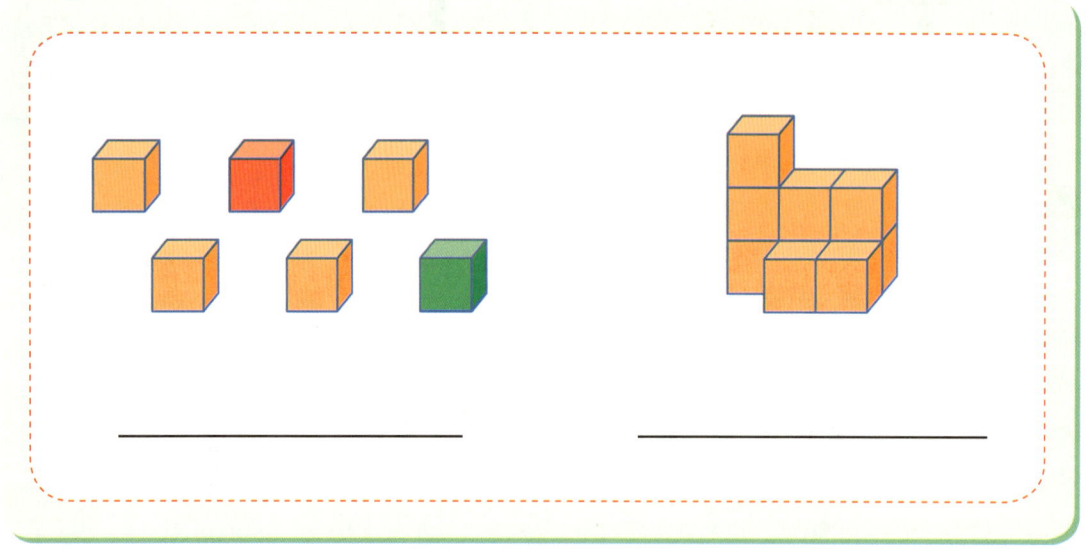

_____   _____

 小朋友，你数对了吗？你是怎么表示的？是用横式表示的还是用竖式表示的？

21. 算筹记数

古人除了用算筹记数,还能用算筹进行计算呢!一起来看一看吧。

1+2=3　　　　2+2=4

2+3=5

 你能试着用小棒表示算式"3+4=7"吗?

注意"7"怎么表示。

快和爸爸妈妈一起来挑战吧!

❶ 爸爸妈妈写一个数,请孩子用算筹摆出来。

❷ 爸爸妈妈用算筹摆一个数,请孩子说出它表示几。

❸ 爸爸妈妈可以和孩子相互出题。

关于算筹的奥秘还有很多,等着你去研究哦!

22 玩转手指

扫码听讲解

活动一

小朋友,你会数数吗?你能数到多少呢?

我能数很多呢,1,2,3,4,5,6,7,8……

我不仅会数数,我还能用手势表示呢。

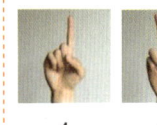  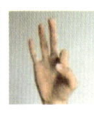 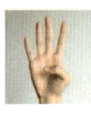 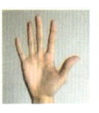 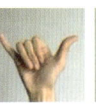 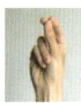  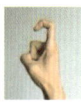 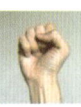

1　2　3　4　5　6　7　8　9　10

读一读　念儿歌,做动作。

一根棍,哪哪哪;（伸出两根食指轮流敲打）
二剪刀,剪剪剪;（食指中指剪）
三叉子,叉叉叉;（三指弯曲向下）
四板凳,拍拍拍;（四指并拢轻拍）
五小手,抓抓抓;
六电话,喂喂喂;（拇指小指做打电话状）
七镊子,夹夹夹;（拇指食指中指捏）
八手枪,啪啪啪;
九钩子,钩钩钩;（两根食指相钩）
十拳头,转转转。

两人一起出手指，算出两人手指表示的数之和。谁先算出得数，谁就大喊"碰"，喊"碰"的人用手指表示出得数。

碰一碰

我出 2。

我出 3。

碰！

碰！

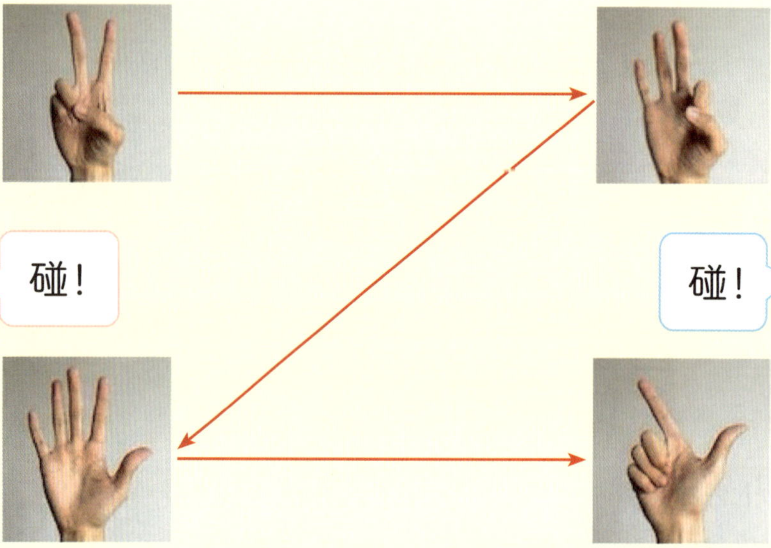

5 碰 8，5＋8＝13。该怎么表示 13 呢？

当得数超过 10 时，只需表示个位上的数字"3"即可。

小朋友，你还能接着玩吗？赶紧来试试吧！

22. 玩转手指

活动三

每人都出两只手，每一轮只能用自己的一只手去碰对方的任意一只手，将手指表示的数相加，谁先凑到10，谁就是赢家。

游戏规则

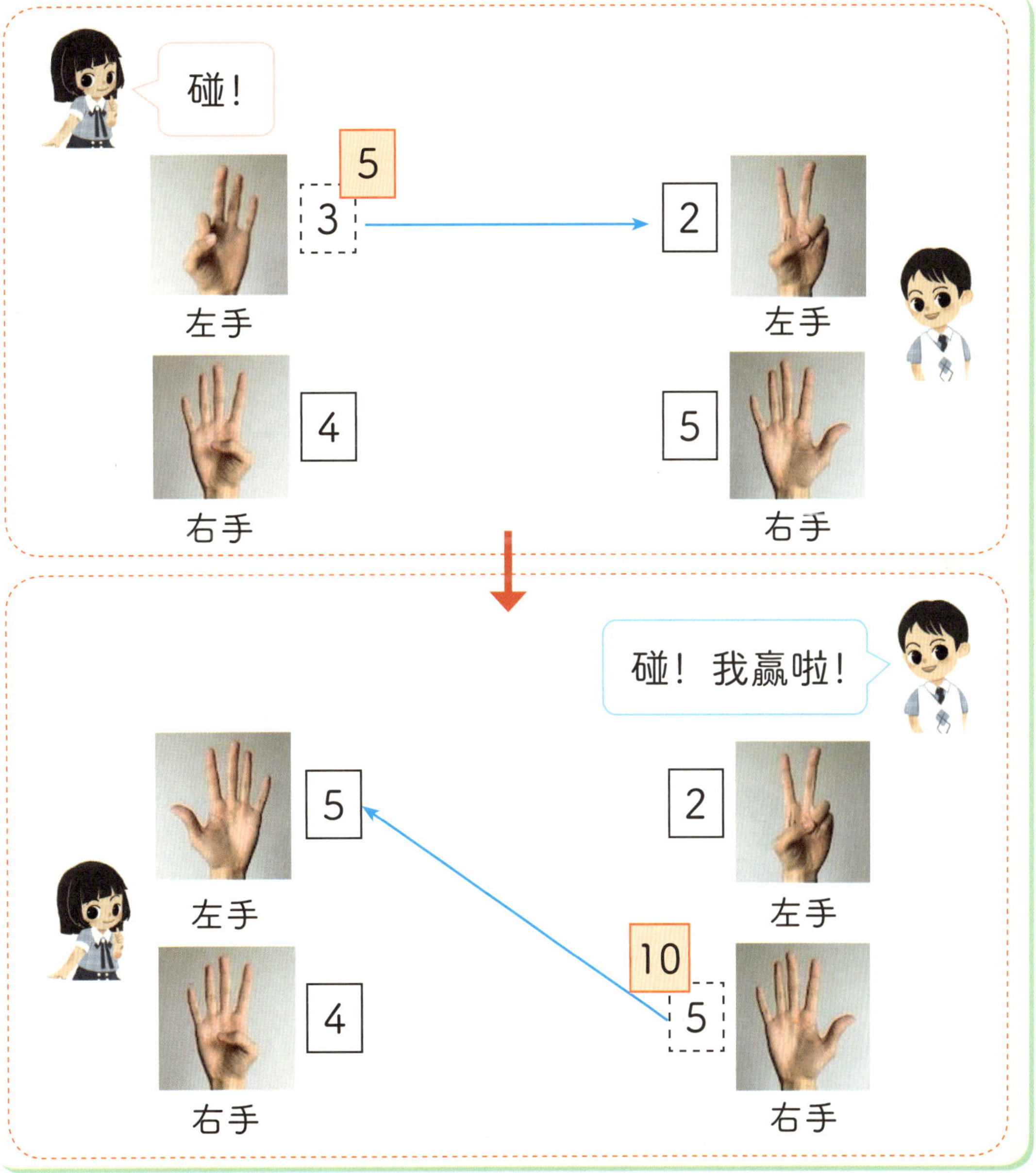

碰！

左手 3 → 左手 2
右手 4   右手 5

5

碰！我赢啦！

左手 5 ← 左手 2
右手 4   右手 5

10

 我为什么输了呢？是哪里出错了？

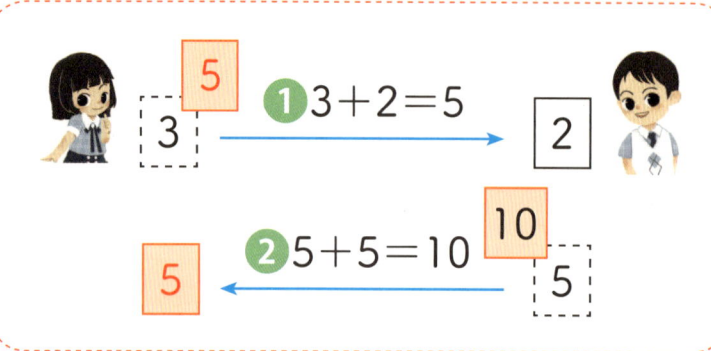

5＋5＝10。5是怎么来的？3＋2＝5。

 如果3不和2碰，和另一只手的"5"碰，3＋5＝8，8＋2＝10。还是会输。你有什么发现吗？

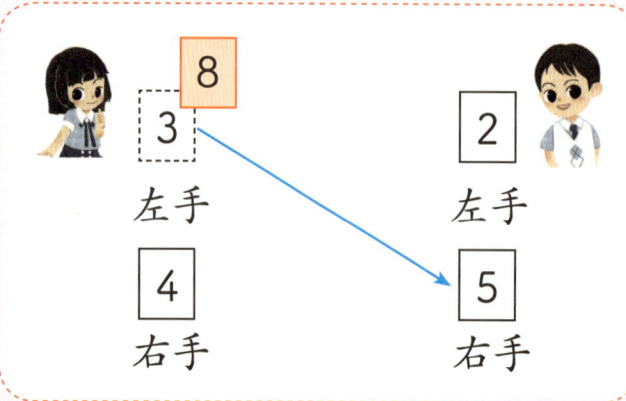

22. 玩转手指

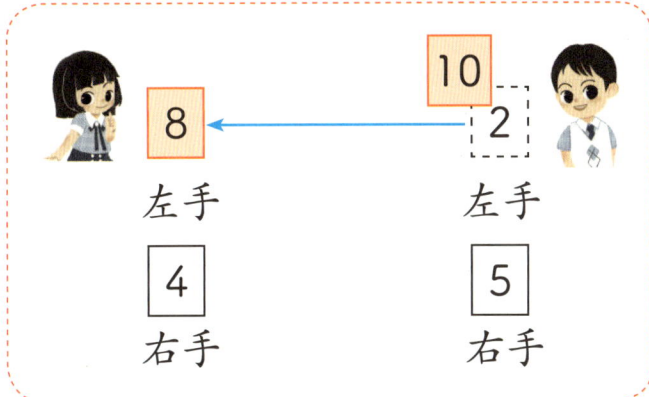

我明白了，不能给对方凑 10 的机会！我要拿 4 和对方碰！侨侨，这下你赢不了啦，哈哈哈！

连一连 如果你是融融，怎么做才能赢？

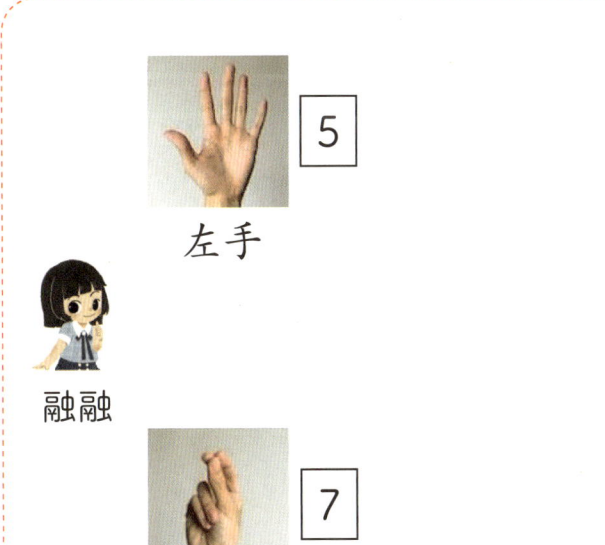

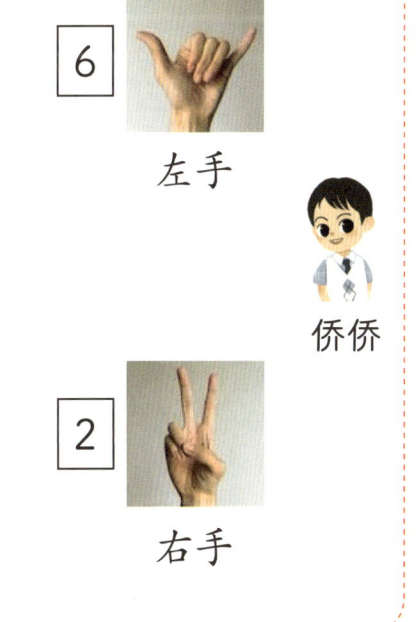

当得数超过 10 时，只表示个位上的数就可以了，然后游戏继续。

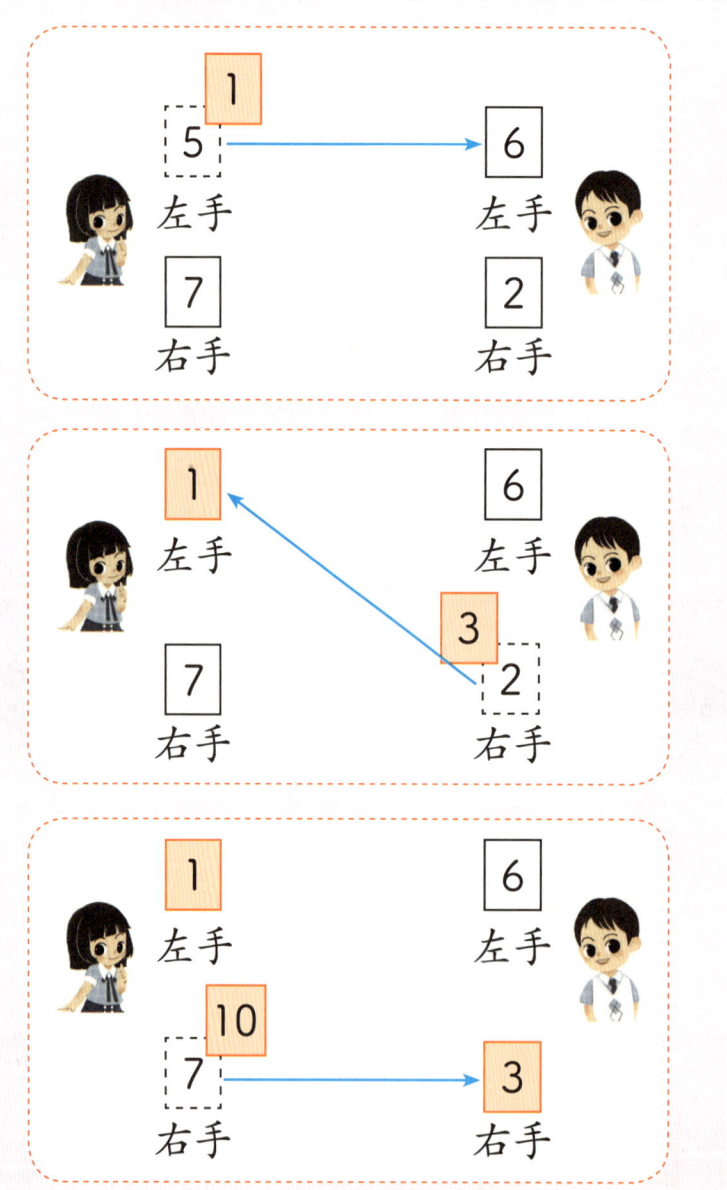

哇，我赢了！小朋友，你还有其他方法吗？

22. 玩转手指

亲子乐园 快和爸爸妈妈一起来挑战吧!

小朋友,快找爸爸妈妈一起来玩"手指凑10"游戏吧!看你能不能成为最后的赢家!(先画一画,再连一连)

23 汽车突围

扫码听讲解

活动一

 黄车被其他汽车挡住了去路，怎样才能顺利地把黄车从出口开出停车场呢？

游戏规则

① 所有的车辆只能前进或后退，移动格数不限。
② 将挡住黄车的其他车移开，让黄车从出口驶出。

一起来交流

 黄车想从出口驶出，必须移走哪几辆车呢？

我来试试，我先将红车向下移动1格。

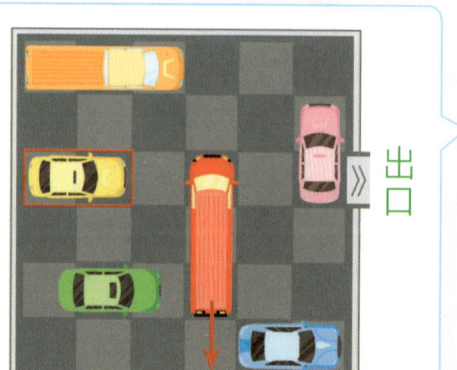

23. 汽车突围

小朋友，接下来你知道要把（　　）车向（　　）移动（　　）格吗？

如果其他车的位置改变了，你还能帮黄车从出口驶出吗？

我会我会，先把橘车向左移动1格，再将红车向下移动1格，就能移开障碍啦。

小朋友，你看懂上面的方法了吗？请记录在下面的表格中。

步骤	汽车	路线
1	橘车	向（左）移动（1）格
2	红车	向（下）移动（　）格
3	目标车	向（　）从出口驶出

 小朋友，车辆的位置又变了，现在你还能帮助黄车从出口驶出吗？

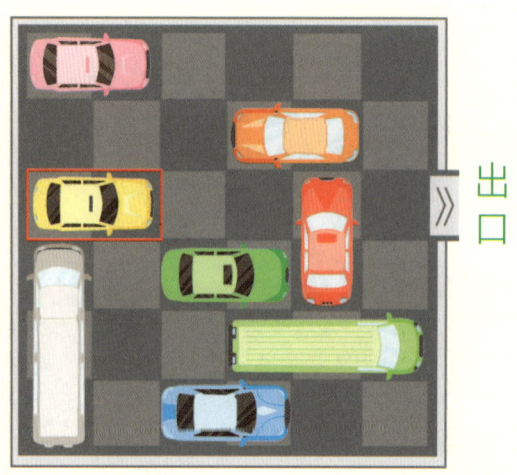

 我想来试试，先移动橙车，再移动红车……

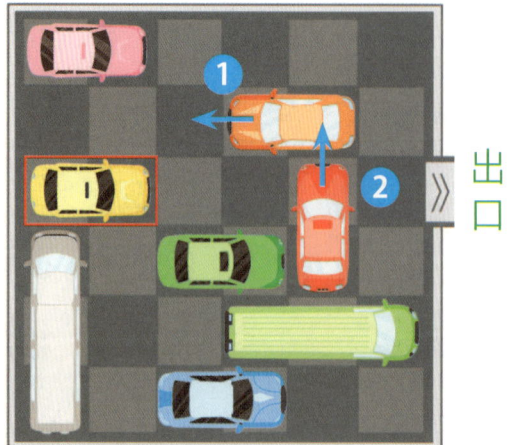

排除障碍方法一：
① 橙车向左移动（　　）格；
② （　　）车向上移动（　　）格。

我还有另一种办法也可以帮助黄车从出口驶出，先移动浅绿车，再移动红车。

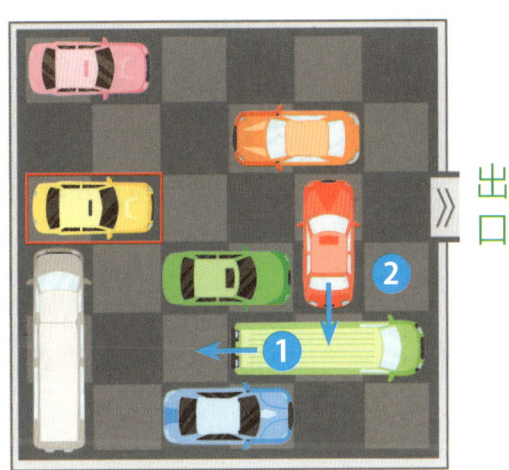

排除障碍方法二：
① 浅绿车向左移动（　　）格；
② （　　）车向下移动（　　）格。

小朋友，你学会了吗？

 快和爸爸妈妈一起来挑战吧！

小朋友，你一定已经知道怎么帮助黄车了吧。和爸爸妈妈比一比，看谁能帮黄车成功驶出出口！

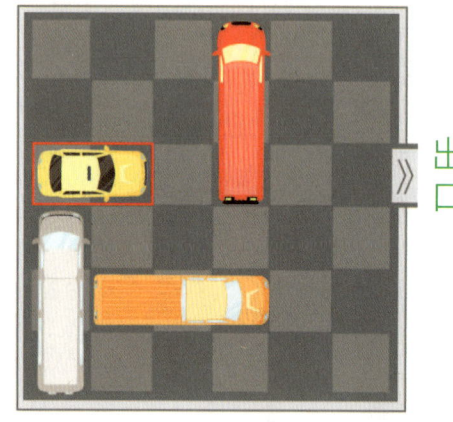

① （　）车向（　）移动（　）格；

② （　）车向（　）移动（　）格；

③ （　）车向（　）移动（　）格；

④ （　）车向（　）移动（　）格；

⑤ （　）车向（　）移动（　）格。

① （　）车向（　）移动（　）格；

② （　）车向（　）移动（　）格；

③ （　）车向（　）移动（　）格；

④ （　）车向（　）移动（　）格；

⑤ （　）车向（　）移动（　）格。

24 海底总动员

扫码听讲解

  小朋友，今天我们一起去海底探险吧！

成员介绍 海底总动员一共有 3 位队员，它们分别是章鱼哥、大鲸鱼和螃蟹弟。

大家好！我是章鱼哥，你准备好和我们一起去探险了吗？

  出发吧！

❶ 每一行不能同时出现相同的队员。

❷ 每一列不能同时出现相同的队员。

✗

✗

小朋友，你看明白游戏规则了吗？咱们去试一试吧！

动手操作 根据游戏规则，填一填。

一起来交流

先竖着看，第 2 列已经有  和  了，还差 。

再横着看，第2行已经有 🐙 和 🐋 了，还差 🦀。

通过上面的分析，你现在知道第2列和第2行的空格中应当分别放哪位队员了吗？快来连一连吧！

连一连 先连一连，再把剩余的格子补充完整。（可以用图形符号代表队员哦！）

小朋友，我们的游戏提高了难度，一起来挑战吧！

动手操作

一起来交流

现在横着看，竖着看，都只有一位队员了。该怎么确定每行和每列另外两个格子里的队员呢？

小朋友，为了帮助你更快地完成挑战，我送你一个法宝哦！

五角星这个位置横着看有 🐋，竖着看有 🦀，所以此处只能放 🐙。这种横看和竖看相结合的方法叫作"**十字排除法**"。

 好棒的方法哦！

连一连 用"十字排除法"连一连，1号位置可能是哪位队员呢？

画一画 请用对应的图形符号，把剩余的格子补充完整。

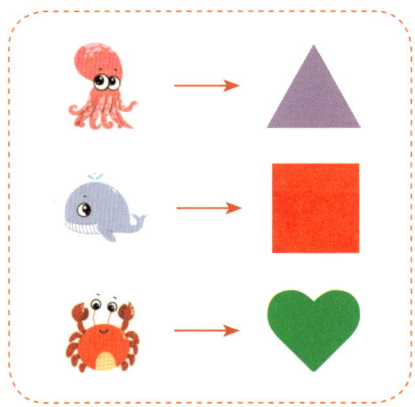

  小朋友，小博士调整了游戏规则，快来挑战吧！

游戏规则

① 每一行不能同时出现相同的队员。

② 每一列不能同时出现相同的队员。

✗

✗

③ 每种颜色田不能同时出现相同的队员。

✗

 小朋友，你看明白游戏规则了吗？咱们去试一试吧！

 请用对应的图形符号,把剩余的格子补充完整。

 快和爸爸妈妈一起来挑战吧!

用不同图形代表不同队员,游戏规则不变哦。

参考答案

❶ 比一比

活动一

比一比

（红）色的绳子长，（绿）色的绳子短。

活动二

第一组

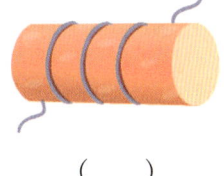 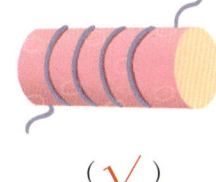

( ) 　　　　（√）

第二组

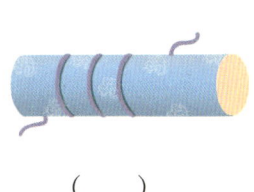 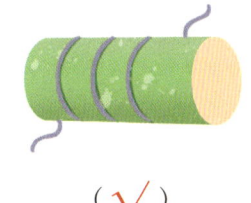

( ) 　　　　（√）

第三组

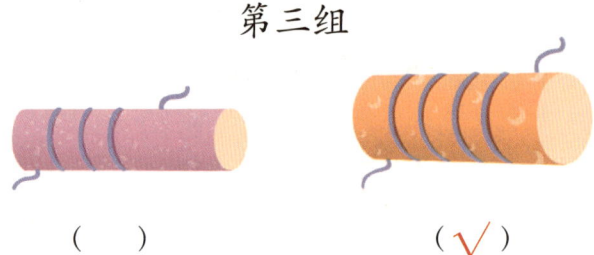

( )　　　　　(√)

活动三

爬得最高的小动物：

( )　　　　( )　　　　(√)

长得最高的小动物：

(√)　　　　( )　　　　( )

亲子乐园

（略）

---

❷ 分饼干

活动二

画一画

我发现：__1__、__3__、__5__、__7__是单数；

__2__、__4__、__6__、__8__是双数。

亲子乐园

（略）

3 一起来分类

活动二

按颜色分：

红：①⑤⑧

黄：②③⑨

白：⑦

蓝：④⑥⑩

按种类分：（答案不唯一）

高跟鞋：⑤⑧⑨

布鞋：①②⑥

拖鞋：③⑩

靴子：④⑤⑦

亲子乐园

（略）

④ 对称中的美

活动二

找一找

（ √ ）　　　（　）　　　（ √ ）

（ √ ）　　　（ √ ）　　　（ √ ）

（ √ ）　　　（ √ ）　　　（ √ ）

（ √ ）　　　（　）　　　（ √ ）

亲子乐园

（略）

⑤ 了不起的数字"0"

亲子乐园

（略）

6 小猪搬砖记

亲子乐园

（略）

---

7 跷跷板游戏

亲子乐园

（略）

---

8 有趣的积木

活动三

 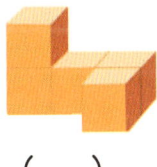  

（√）　　　（　）　　　（　）　　　（√）

活动四

数一数

图中有3个球，1个长方体，4个圆柱。

亲子乐园

（略）

9 有趣的四巧板

活动二

数一数

(4)条　　(5)条　　(3)条　　(4)条

活动三

画一画

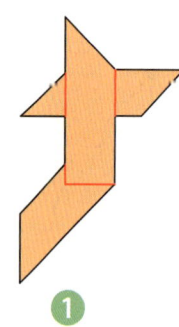 

❶　　　　　　❷

亲子乐园

（略）

---

10 火柴棒游戏

亲子乐园

（略）

11 货币的发展

3头猪可以换（6）只羊，10只羊能换（5）头猪。

△ = ○ + ○ → △ + △ + △ = ○ + ○ + ○ + ○ + ○ + ○；
○ + ○ + ○ + ○ + ○ + ○ + ○ + ○ + ○ + ○ = △ + △ + △ + △ + △。

亲子乐园

（略）

12 认识人民币

（20）元　　　　（10）元　　　　（5）元

一张  可以换（2）张  ；

一张  可以换（10）张  ；

一张  可以换（5）张  ；

一张  可以换（5）张  。

（7）角（3）分　　　　（1）元（8）角

16 元 5 角

（答案不唯一）

72 元

亲子乐园

（略）

⑬ 小蚂蚁堆糖果

活动二

（其他摆法符合题意即可）

活动三

1 ②3 4 5 （×）

1 2 3 ④5 （×）

1 2 3 4 ⑤ （√）

活动四

动手操作

② 3 4 5 6 （√）

2 ③ 4 5 6 （×）

2 3 ④ 5 6 （√）

2 3 4 ⑤ 6 （×）

2 3 4 5 ⑥ （√）

活动五

连一连

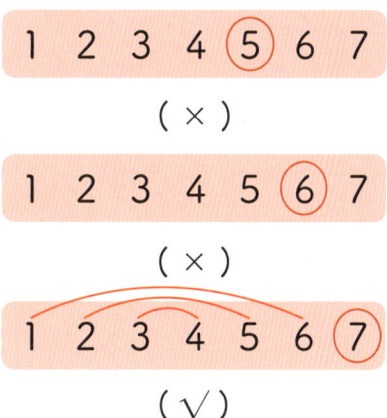

亲子乐园

（略）

---

14 挖宝藏

活动一

填一填

❶ 如果小鱼身上的数字是4，表示它的周围藏了（ 4 ）个宝藏；

❷ 如果小鱼身上的数字是2，表示它的周围藏了（ 2 ）个宝藏；

❸ 如果小鱼身上的数字是0，表示它的周围藏了（ 0 ）个宝藏。

画一画

（其他画法符合题意即可）

亲子乐园

❶ 找到 7 个宝藏。

❷ 找到 4 个宝藏。

15 骰子游戏

活动二

比一比

玩家	第一局	第二局	第三局	第四局	第五局
侨侨	6	2	1	1	4
融融	1	5	6	4	4
比较大小	6＞1	5＞2	6＞1	4＞1	4＝4

活动三

两个骰子的点数之和有 11 种情况，分别是：

2、3、4、5、6、7、8、9、10、11、12。

两个骰子的点数之和最小是 1+1=2，最大是 6+6=12。

---

16 小猫钓鱼

活动一

(×)

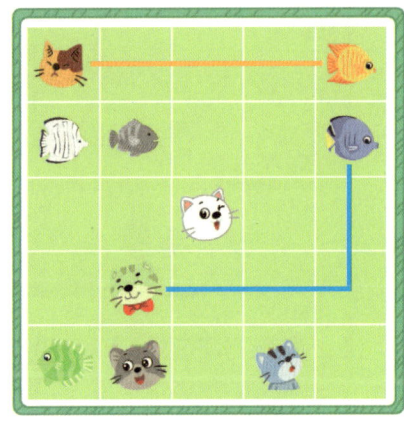

(×)

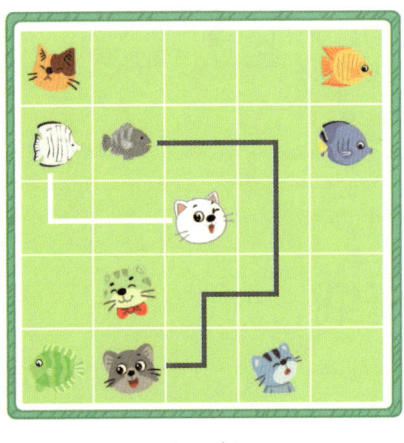

(√)

(×)

活动三

试一试

（略）

亲子乐园

☆挑战

☆☆挑战

☆☆☆挑战

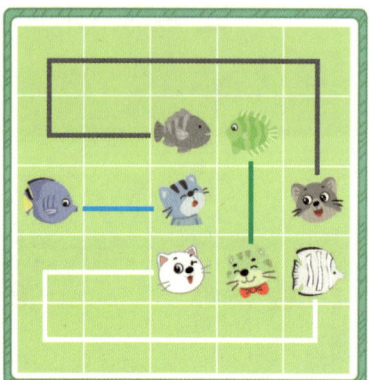

☆☆☆☆挑战

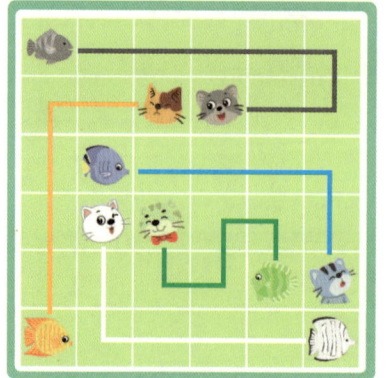

17 趣味折纸

亲子乐园

（略）

18 计时工具

活动二

连一连

时针指向 8，分针指向 12。　　时针指向 6，分针指向 12。　　时针指向 9，分针指向 12。

9 时　　　　　　8 时　　　　　　6 时

活动三

8:30　　6 时半　　6:30　　1:30　　10:30

2 时半　　　　11:30　　　　12:00

（略）

亲子乐园

（略）

19 中国古代记数

试一试

❶ 6　　❷

练一练

❶ 6　24　　❷ 略

亲子乐园

（略）

20 世界记数

亲子乐园

Ⅰ　Ⅱ　Ⅲ　Ⅳ　Ⅴ　Ⅵ　Ⅶ　Ⅷ　Ⅸ　Ⅹ　Ⅺ　Ⅻ　ⅩⅢ　ⅩⅣ　ⅩⅤ

21 算筹记数

摆一摆

❶ 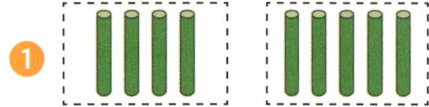　　❷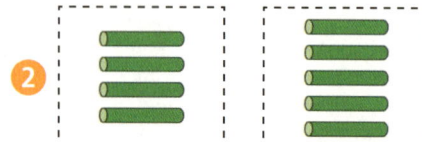

1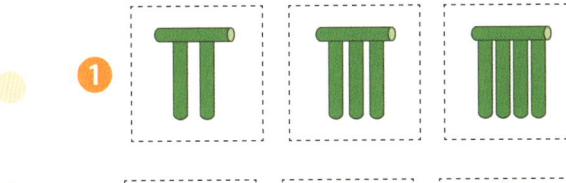

2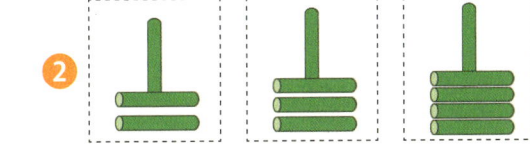

活动三

练一练

亲子乐园

（略）

---

22 玩转手指

亲子乐园

（略）

23 汽车突围

亲子乐园

① （黄）车向（右）移动（1）格；
② （灰）车向（上）移动（2）格；
③ （橘）车向（左）移动（1）格；
④ （红）车向（下）移动（3）格；
⑤ （黄）车向（右）移动（4）格。

① （蓝）车向（下）移动（1）格；
② （绿）车向（左）移动（2）格；
③ （灰）车向（下）移动（3）格；
④ （红）车向（下）移动（1）格；
⑤ （黄）车向（右）移动（4）格。

24 海底总动员

活动一

连一连

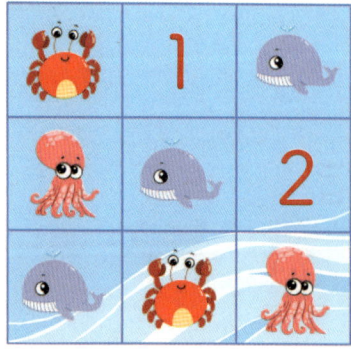

附页：

❸ 一起来分类

❹ 对称中的美

6 小猪搬砖记

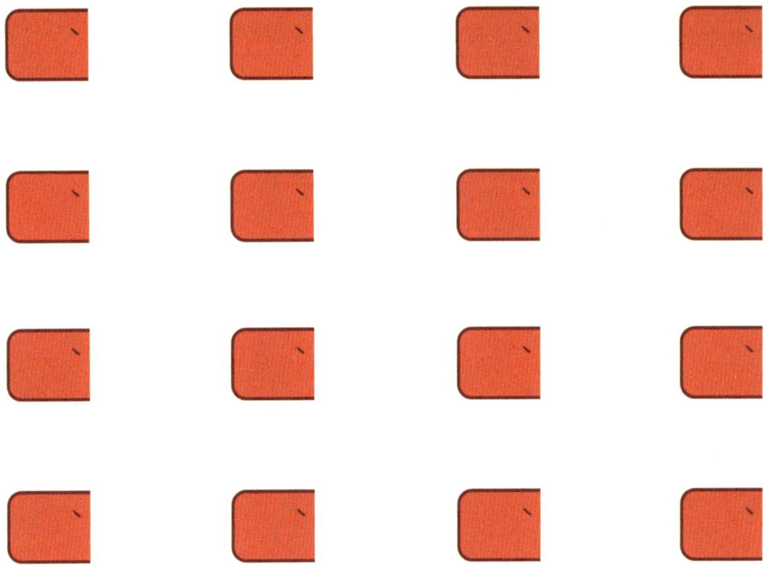

7 跷跷板游戏

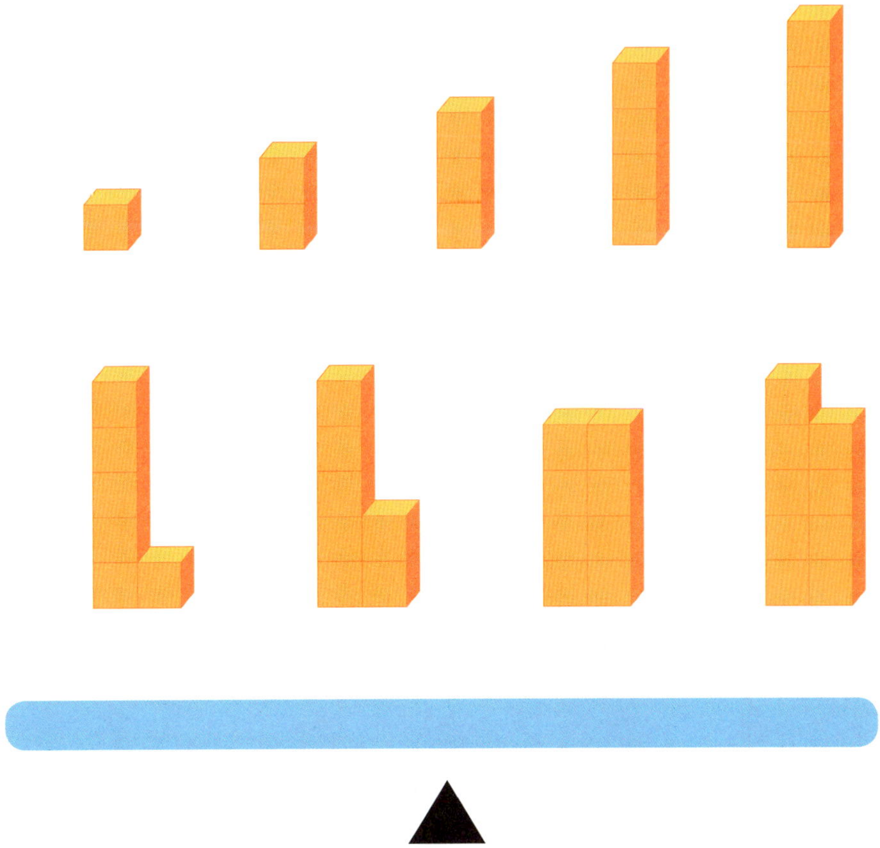

9 有趣的四巧板

四巧板的制作方法和材料：

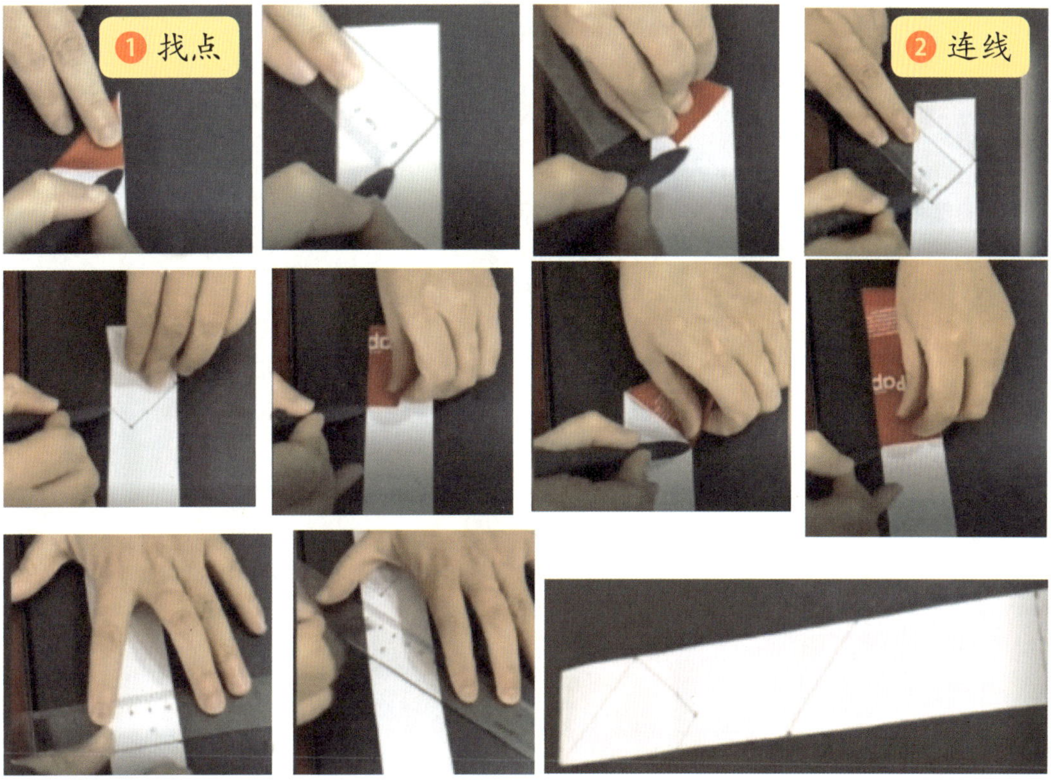

❶ 找点　　❷ 连线

13 小蚂蚁堆糖果